Gerti Senger ◊ Alles Liebe

Gerti Senger

Alles Liebe

66 Tips für Glück, Sex und Partnerschaft

Deuticke

Alle Rechte vorbehalten
Fotomechanische Wiedergabe bzw. Vervielfältigung, Abdruck,
Verbreitung durch Funk, Film oder Fernsehen sowie Speicherung auf
Ton- oder Datenträgern, auch auszugsweise, nur mit Genehmigung
des Verlages.
© Franz Deuticke Verlagsgesellschaft mbH
Wien 1996
Umschlaggestaltung: Robert Hollinger
unter Verwendung eines Fotos von Clarissa Gruber

Druck: Wiener Verlag, Himberg bei Wien
ISBN 3-216-30258-X

INHALTSVERZEICHNIS

Tip 1
Schreiben Sie doch einen Liebesbrief! 11

Tip 2
Hin und her, das ist nicht schwer 13

Tip 3
Wenn sich Mama verliebt 15

Tip 4
Das Hohelied vom Glied 17

Tip 5
Die Frau ohne Unterleib 19

Tip 6
Wann ist ein Mann ein guter Liebhaber? 21

Tip 7
Der Atem der Lust 23

Tip 8
Und ewig blockt das Weib 25

Tip 9
Wie viele Männer braucht eine Frau? 27

Tip 10
Basic Instinct 29

Tip 11
Die Macht der Verweigerung 31

Tip 12
Der entrechtete Phallus 33

Tip 13
Die paradoxe Leidenschaft 35

Tip 14
Die große und die kleine Lust des Mannes 37

Tip 15
Sex im Duett 39

Tip 16
Liebeslust in falscher Lage 41

Tip 17
Das intimste Lippenbekenntnis 43

Tip 18
Erotisches Hairstyling 45

Tip 19
Die passive Frau 47

Tip 20
Das Risiko des ersten Schritts 49

Tip 21
Die Lustgemeinschaft 51

Tip 22
Jenseits der Verführung 53

Tip 23
Sehnsucht nach dem starken Mann 55

Tip 24
Liebe mit Big Mama 57

Tip 25
Das sexuelle ABC 59

Tip 26
Die Brücke zum Genuß 61

Tip 27
So entlarven Sie einen Seitenspringer 63

Tip 28
Wenn Männer im Bett bluffen 65

Tip 29
Das Pygmalion-Syndrom 67

Tip 30
Sex ist göttlich 69

Tip 31
Not am Mann 71

Tip 32
Wer will mich? 73

Tip 33
Sag beim Abschied deutlich Servus! 75

Tip 34
Liebe ist nicht Instinktsache 77

Tip 35
Zu zweit ist alles schöner! 79

Tip 36
Das Vertrauen in der Liebe 81

Tip 37
Erotisches Lampenfieber 83

Tip 38
Wenn Männer zuviel grapschen 85

Tip 39
Zwei Körper im Dreivierteltakt 87

Tip 40
»Wünsch dir was!« 89

Tip 41
»Ohne dich kann ich nicht leben« 91

Tip 42
Flaute im Bett 93

Tip 43
Die einsame Lust 95

Tip 44
Schon wieder der Falsche! 97

Tip 45
Die Lustschere 99

Tip 46
Stumm wie ein Fisch 101

Tip 47
Du liebst mich nicht wirklich! 103

Tip 48
»Laß dich doch gehen!« 105

Tip 49
Wenn einmal nicht genug ist 107

Tip 50
Training für die Lust 109

Tip 51
Die Magie der ersten Nacht 111

Tip 52
Schweigen ist Gold 113

Tip 53
Lob dem Venushügel 115

Tip 54
Die Kraft des Kuschelns 117

Tip 55
Zuckerbrot und Peitsche 119

Tip 56
Die dritte Dimension der Lust 121

Tip 57
Ein Ultimatum ist das Letzte 123

Tip 58
Wenn jeder Streit im Bett endet 125

Tip 59
So wird Dornröschen wachgeküßt 127

Tip 60
Der Penis-Protest 129

Tip 61
Das Geheimnis der Pornos 131

Tip 62
Burnout der Liebe 133

Tip 63
Die Kehrseite des Blümchensex 135

Tip 64
Fetischismus für Anfänger 137

Tip 65
Fit für den Sex 139

Tip 66
Soll das alles sein? 141

TIP 1

Schreiben Sie doch einen Liebesbrief!

Im Zeitalter der technischen Kommunikation wurde der Liebesbrief zum wahren Luxus ...

Sie möchten ja gerne einen Liebesbrief schreiben, aber wie fangen Sie bloß an? Welche Worte wählen Sie für das, was bei dem Gedanken an die/den Liebste/n Ihr Herz und Ihren Kopf bewegt? Der französische Philosoph Jean-Jacques Rousseau sagte zum Thema Liebesbriefe etwas sehr Gescheites: »Um einen guten Liebesbrief zu schreiben, sollte man beginnen, ohne zu wissen, was man sagen will, und enden, ohne zu wissen, was man geschrieben hat.«
Das klingt sehr logisch, ist aber für die meisten Menschen schwer durchzuführen, weil ihnen Vertrauen in die eigene Ausdruckskraft und Spontaneität fehlt. Vor lauter Angst, sich lächerlich zu machen, bleibt der Liebesbrief ungeschrieben. Eine andere Möglichkeit: Ein Briefsteller, Kapitel »Privatkorrespondenz«, wird bemüht und ein artiger Vordruck verwendet. Oder man flüchtet zu Rilkes Liebes-Schwärmereien, schreibt die Zeilen ab, die einem aus der Seele sprechen, und setzt seinen Namen darunter.
Verzichten Sie auf Vorlagen oder den Griff in die Trickkiste der klassischen Literatur. Verwenden Sie die Sprache von hier und heute: Schreibe, wie du sprichst.

»Wenn Ihr Brief sprechbar ist, ist er auch lesbar«

Damit sind wir an einer Stelle des Liebesbriefes angelangt, der die größten Schwierigkeiten bereitet: Der Aufruhr der Gefühle. Man empfindet ja so viel gleichzeitig! Sehnsucht, Sinnlichkeit, Liebe, aber auch Angst und Unsicherheit. Glauben Sie mir – ein Liebesbrief, in dem die Karten nicht offen auf den Tisch gelegt werden, ist kein Liebesbrief! Die Wahrheit über seine Gefühle zu sagen, gestehen, wie einem zumute ist, das sind die wichtigsten Zutaten aufwühlender Liebesbriefe. Wenn Ihnen dann noch etwas darüber hinaus einfällt, was Ihnen an Ihrer/m Herzallerliebsten gefällt, kann gar nichts mehr schiefgehen. Ein Kompliment unter vier Augen oder am Telefon tut zwar gut, hat aber noch lange nicht die Wirkung, die es geschrieben hat. Wir alle sind Augentiere – wir glauben nur, was wir sehen. Daher hat das geschriebene Wort eine weitaus stärkere, verbindlichere Wirkung als das gesprochene.

Setzen Sie sich hin und schreiben Sie, ohne zu hohe Ansprüche an sich zu stellen und ohne sich an verstaubte Stilregeln zu halten. Wenn Ihr Brief sprechbar ist, dann ist er für den/die EmpfängerIn auch lesbar. Nicht einmal Briefpapier müssen Sie benützen. Die Worte der Liebe wirken auf dem Blatt eines Notizblockes ebenso überzeugend wie auf einer Seite eines alten Schulheftes. Im Gegenteil, einem solchen Schmachtfetzen sieht man die Emotionalität und Spontaneität förmlich an.

Versuchen Sie es doch einmal! Lassen Sie sich nicht davon entmutigen, daß Ihnen eben noch eine Menge Dinge, die Sie sagen wollten, auf dem Herzen lagen, aber kaum hatten Sie die Füllfeder in der Hand, waren sie wie weggeblasen. Sogar Leute, die sich ihren Lebensunterhalt mit dem Schreiben verdienen, kennen den berühmten »horror vacui«, die Angst vorm leeren Blatt. Sie wird am schnellsten überwunden, indem Sie irgend etwas über Ihren augenblicklichen Gefühlszustand zu Papier bringen. Schnulze hin, Schnulze her – Worte, die direkt aus dem Herzen kommen, rühren auch das Herz des Empfängers. Das gebe ich Ihnen hiemit Schwarz auf Weiß ...

TIP 2

Hin und her, das ist nicht schwer

Eigentlich schade, daß wir den Liebesakt nur auf ein einziges Bewegungsmuster reduzieren ...

Das Patentrezept ist einfach: Im Falle ausreichender Erregung führe man den erigierten Penis in die Scheide. Dann gleite man bis zum Höhepunkt hin und her. Und hin und her. Und hin und her. Tag für Tag, Nacht für Nacht. Millionen Menschen halten sich an dieses Bewegungsmuster. Was schließen Sie daraus? Daß das Hin und Her für Männlein und Weiblein gut sein muß. Das ist es auch, niemand wird das bestreiten. Aber das heißt noch lange nicht, daß es nicht auch andere, ebenso wohltuende, vielleicht sogar genußvollere, Möglichkeiten gibt. Aber wozu rede ich solange drumherum: Ich meine rotierende Koitusbewegungen.

»Was trotz eifrigstem Hin und Her nicht möglich ist, gelingt rotierend«

Lachen Sie nicht, aber diese Form des Liebesrhythmus ist nur in unserer Kultur die Ausnahme von der Regel. Frauen, die im Orient, in Afrika oder Asien sexuelle Erfahrungen machten, berichten immer wieder von besonders erregenden Liebeserlebnissen. Die Intensität der Lust, die den Frauen so unvergeßlich ist, ist nicht auf die Potenz der dortigen Männer zurückzuführen. Ihre Art, sich beim Liebesakt auch rotierend zu bewegen, ist so betörend. Eigentlich wundert es mich, daß in unserer westlichen Welt, in der gerade in letzter Zeit soviel von Fitneß und Sex geschrieben und diskutiert wurde, diese erotische Raffinesse konsequent übergangen wird. Es gibt nämlich viele gute Gründe, das gewohnte und kräftesparende Hin und Her – zumindest zwischendurch – zugunsten kreisförmiger Koitusbewegungen einzustellen.

Jeder halbwegs aufgeklärte Liebende weiß heutzutage, daß der weibliche Höhepunkt durch eine sensorische Reizung der gesamten Klitorisgegend und des gesamten Scheideneinganges zustande kommt. Stoßende, hämmernde Bewegungen des männlichen Exekutionsorganes sind höchst unzulänglich, alle sensitiven Regionen des kreisförmigen (!) Scheideneinganges zu stimulieren. Auch wenn der Liebesdiener noch so ausdauernd, flink und kräftig ist, kann er nicht in Kontakt mit sämtlichen reizempfänglichen Punkten der Liebespforte sein. Was trotz eifrigem Hin und Her häufig nicht möglich ist, gelingt rotierend! Damit ist nicht ein verkrampftes, eckiges Herumstochern gemeint, sondern weiche, runde, mahlende Bewegungen.

Natürlich muß es nicht immer der Mann sein, der beim Sex »rotiert«. Auch eine Frau ist nicht dazu gezwungen, wie ein Plumpsack dazuliegen und darauf zu warten, daß alles Gute von oben kommt. Entweder sie beherrscht die hohe Kunst der »inneren« Zärtlichkeit und belebt das Hin und Her mit ihrem vaginalen Liebesmuskel. Oder sie läßt ihr Becken kreisen. Es ist bestimmt kein Zufall, daß das Kernelement nahezu aller erotischer Tänze kreisende Bewegungen sind. Egal ob Bauchtanz, Hula-Hula oder der vibrierende Shaketanz – alle diese Tänze kreisen buchstäblich um die Lust.

Damit es keine Mißverständnisse gibt: Ich will die liebende Vereinigung weder auf kalte Technik reduzieren, noch will ich Sie dazu verleiten, aus Ihrem Schlafzimmer ein Fitneß-Center zu machen. Absurde Anstrengungen sind überflüssig und sinnlos. Einmal adagio, einmal presto, ist auf das bewährte Hin und Her Verlaß. Aber nichts spricht dagegen, daß Sie beim Liebesspiel ab und zu auch den richtigen Dreh raus haben ...

TIP 3

Wenn sich Mama verliebt

Kinder machen das Liebesleben einer Mutter nicht gerade leicht ...

Wilma, 34, und Fred, 36, haben nach 11 Jahren ihre Ehe zu Grabe getragen. »Wilma hat es gut«, sagt Fred, wenn er mit einer neuen Geliebten bei einem Gläschen sitzt und sentimental wird. »Wilma ist nicht wirklich alleine. Sie hat die Kinder.«
Das ist schon richtig. Aber Wilma, die genau wie Fred dem erotischen Leben noch nicht Adieu sagen will, hat ihretwegen auch jede Menge Probleme: Fred könnte jede Nacht eine andere Frau bei sich schlafen lassen. Doch was würden die Kinder sagen, wenn morgens immer wieder neue Männer in Mamis Bademantel beim Frühstück sitzen? Aber jetzt gibt es einen Mann, mit dem sich Wilma eine gemeinsame Zukunft vorstellen könnte. Sie will, daß er bei ihr übernachtet und auch mit den Kindern Zeit verbringt. Darf eine Mutter das? Aber sicher! Lassen Sie das Theater mit der Onkel-Anrede und benehmen Sie sich so normal wie möglich. Stellen Sie Ihren Herzbuben vor und sagen Sie in aller Ehrlichkeit: »Das ist Herbert, Karl oder Josef. Er wird jetzt öfter bei uns sein.« Mutterschaft verpflichtet nicht zu lebenslanger Einsamkeit und Keuschheit. Trotzdem sollten Sie mit Anfangsschwierigkeiten rechnen.
Es ist eine Tatsache, daß Kinder in einer Rumpf-Familie unter Verlustgefühlen leiden. Sie trauern auch dann um den verlorenen Vater, wenn ihm die Mutter berechtigte Vorwürfe macht. Und die Abwehr dem »Neuen« gegenüber ist auch dann da, wenn der »alte« Vater seine väterlichen Pflichten grob vernachlässigt hat.
Respektieren Sie die Gefühle Ihres Sprößlings. Stellen Sie seine Liebe zu Ihrem Ex nicht in Frage, um die Zuneigung zu Ihrem neuen Partner zu fördern. Er soll vorläufig noch gar nicht die

Position eines Ersatzvaters anstreben. Wenn er sich bemüht, ein guter Kamerad zu sein, gibt es weniger Konflikte.

»Schämen Sie sich nicht für Ihre neue Liebe!«

Wahrscheinlich haben Sie selbst schon festgestellt, daß Kinder Bestechungsversuche durchschauen und sich nicht kaufen lassen. Auch wenn sie unangemessene Geschenke des Liebhabers der Mutter annehmen, spüren sie genau, daß dahinter vielleicht die Absicht steckt, sich Sympathien zu erwerben. Versuchen Sie doch, Ihren Partner auf Interessen oder Hobbies Ihres Kindes einzustimmen und diesbezüglich Gemeinsamkeiten zu fördern.
Ein wesentlicher Aspekt für eine möglichst reibungslose Beziehung zwischen Ihrem Nachwuchs und Ihrem Partner ist Ihre Haltung! Schämen Sie sich nicht für die neue Beziehung, verheimlichen Sie diese nicht und spielen Sie Ihre Gefühle nicht runter. Ich sehe immer wieder, daß eine geschiedene oder alleinlebende Mutter, die sich verliebt, massive Schuldgefühle entwickelt: Da wurde das arme Hascherl um die Idylle einer intakten Familie gebracht – dieser Verlust muß doch durch mütterlichen Opfermut wettgemacht werden! Oder? Oder eben nicht.
Kinder wissen nur allzu gut, wie sie ihrer Mami ein schlechtes Gewissen machen und sie manipulieren können, um bei ihr mehr durchzusetzen. Den Opfermut einer Mutter, die ihrem Ableger zuliebe auf eine Partnerschaft verzichtet, weiß kein Kind zu schätzen, wenn es eines Tages sein eigenes Leben leben will. Wenn es spürt, daß es in Ihrer Liebe geborgen ist und Sie zu Ihren Gefühlen stehen, kann es auch Ihren neuen Partner annehmen ...

TIP 4

Das Hohelied vom Glied

Beim Sex überlassen sich Männer gerne dem süßen Nichtstun ...

Ein neues Umfrageergebnis zum Thema Nr. 1: Jeder vierte Mann kommt durch den liebkosenden Mund der Geliebten zu einem stärkeren Höhepunkt als beim eigentlichen Akt.
Warum eigentlich? Auch Fachleute rätseln. Manche meinen, daß ein tabuisiertes sexuelles Vergnügen, das noch heute in manchen amerikanischen Bundesstaaten als Vergehen geahndet wird, einen besonderen Genuß vermittle. Andere wiederum glauben, daß die kniende Position, die die Frau beim Oralsex meist einnimmt, dem Mann eine gewisse sadistische Befriedigung verschaffe oder zumindest das Gefühl der Macht ermögliche. Böse Zungen behaupten: Männer lassen eben gerne arbeiten.
Würden Sie Ihrem Partner solche Deutungen vorhalten, würde er lachen und beteuern: »Es ist einfach ein tolles Gefühl! Außerdem gibt es mir die Überzeugung, daß du mich wirklich begehrst.« Das ist eine einleuchtende Erklärung. Aber darf man daraus schließen, daß Frauen, die diese zärtliche Geste ablehnen, ihren Partner nicht begehren? Nein. Nicht wenige Frauen sehen in der Genitalzone noch immer ein Ausscheidungsorgan. Andere wieder haben Erstickungsängste. Für viele Frauen ist Sex vorwiegend ein Ausdruck von Zugehörigkeit und Liebe. Körperlichkeit, losgelöst von innigen Gefühlen, erzeugt in ihnen Abwehr. Manchen macht es schlichtweg keinen Spaß, beim Sex eine altruistische Rolle zu übernehmen.
Probieren Sie nur ja nicht, eine Frau mit Gewalt zu Oralsex zu bewegen! Sinnliche Freuden dürfen nicht eingefordert und schon gar nicht erzwungen werden. Wenn Sie mit einem stummen Griff den Kopf Ihrer Partnerin unbarmherzig zwischen Ihre Lenden dirigieren, müssen Sie mit berechtigter, verstärkter Abwehr rechnen.

»Der Weg zu oralen Freuden ist ein Weg der kleinen Schritte«

Akzeptieren Sie eine ablehnende Haltung, ohne ihrer Geliebten vorzuwerfen, daß sie verklemmt ist. Vielleicht braucht sie nur Zeit, einen unbefangenen Zugang zu Ihrer sinnlichen Mitte zu bekommen. Wenn eine Frau mit ihren Lippen vorerst den Körper des Partners liebkosend erforscht, fällt es ihr leichter, auch an seinem Liebesorgan Geschmack zu finden. Der Weg zu oralen Freuden ist immer ein Weg der kleinen Schritte und behutsamen Annäherungen, begleitet von Dankbarkeit und Bestätigung. Gershon Legman errechnete in seinem »Enzyklopädischen Abriß der oralen Techniken« nicht weniger als hunderttausend Varianten! Wie soll eine Frau ohne sanfte Signale wissen, wie er »es« gerne hätte? Andererseits ist für eine Geliebte nichts desillusionierender, als wenn einer zärtlicher Stunde durch Befehle die Intimität genommen wird. Was also tun? Langatmige Regieanweisungen geben? Abwarten? Weder noch. Die schlichten Wörtchen »gut«, »ja« und »bitte« reichen vorerst völlig aus, um die notwendige, klärende und verbindende Verständigung herzustellen.

Noch etwas: Denken Sie daran, daß diese eindringlichste Geste der Liebe Hygiene voraussetzt. Niemand muß mich davon überzeugen, daß spontaner Sex mit einem verschwitzten Partner aufregend sein kann. Aber wenn ein ungepflegter Mann auf Fellatio beharrt, sollte er bedenken, daß der Geruch von zersetztem Schweiß auch das heftigste Verlangen nach Liebesspielen dieser Art gerinnen läßt ...

TIP 5

Die Frau ohne Unterleib

Das weibliche Geschlechtsorgan heißt nicht zufällig auch »Scham« ...

Tausende Frauen spendeten vor Jahren der Künstlerin Betty Dodson in New York stehende Ovationen, als sie Fotos von zarten und rosigen, fleischigen und purpurfarbenen, füllig barocken und gotisch schlanken Muschis zeigte. Zur Zeit läßt die amerikanische »Liebesheilerin« Annie Spinkle in ausverkauften Shows Männern und vor allem Frauen ihre intimste Körperzone per Vergrößerungsglas betrachten. Auch wenn man ihre Behauptung anzweifelt, sie wolle an die ästhetische Sichtweise anknüpfen, mit der Betty Dodson das weibliche Geschlecht enttabuisierte – Annie tut den Frauen Gutes.
Männer sind auf ihren »kleinen Freund« stolz. Auf solche, denen der Kopf schnurgerade aufsitzt, auf solche, deren Haupt frech nach oben schaut oder sich hinterlistig zur Seite neigt. Auf jene, deren Schaft einer dorischen oder ionischen Säule gleicht. Auf Knorpelige, Krumme, Linke und Rechte. Auf Durchtrainierte, Lüsterne, Griffige, Schnuckelige, anmutig Zärtliche oder rustikal Kräftige. Egal! Der Penis ist keine Konfektionsware. Jeder einzelne wird als exklusives Stück empfunden, einzigartig in Design und Gebrauch.
Frauen empfinden anders. Ich höre immer wieder, daß sie ihr Geschlecht noch nie im Spiegel angesehen haben, es gar nicht beschreiben können oder verunsichert sind. Viele fürchten, daß es nicht »normal« sei, wenn eine Schamlippe größer als die andere ist. Aber nur rund 15 % der Frauen haben symmetrische Schamlippen! Viele haben Angst, »nicht schön« zu sein, weil die Haut der äußeren Schamlippen oft eine dunkle oder graue Färbung hat. In Romanen liest man immer nur von rosa und perlmuttfarbenen

Schamlippen, doch nie von einem rosa oder perlmuttfarbenen Hodensack. Aber diese Hautzone entspricht dem männlichen Hodensack! So wie dieser muß sie kräftiger sein als andere Zonen, um das empfindliche Gewebe zu schützen. Zahllose Frauen schämen sich für eine vermeintlich zu große oder zu kleine Klitoris, obwohl es dafür keine Norm gibt.

»Das Geschlechtsorgan des Mädchens bleibt namen- und gesichtslos«

Frauen, denen es so ergeht, stammen meist aus einem Milieu, in dem die weibliche Geschlechtszone totgeschwiegen wurde. Ob nun »Zipfel« oder »Pimperl« – der Geschlechtsteil des Bruders hatte einen Namen. Das Geschlechtsorgan des Mädchens blieb namen- und gesichtslos. »Greif da unten nicht hin!« »Hast du dich ›unten‹ schon gewaschen?« So entstand die Frau ohne Unterleib.
Viele, ansonsten selbstbewußte Frauen lehnen wegen ihrer Scham orale Liebkosungen ab oder berühren sich selbst nie und wissen daher auch nicht, was ihnen gut tut. Der unbefangene, »schamlose« Umgang mit dem eigenen Geschlecht ist aber eine Voraussetzung für sexuellen Genuß! Wie sollen Sie als Frau Ihr Intimstes Ihrem Partner überlassen, wenn Sie selbst nicht eins damit sind? Wie sollen Sie Lust empfinden, wenn Sie sich für die fremde Landschaft in Ihrem Schritt schämen?
Also: Augen auf und hingefaßt! Sobald Sie das Gesicht Ihrer »Weiblichkeit« so gut kennen wie das Gesicht, das Sie der Umwelt präsentieren, wird sich Ihr ästhetisches Empfinden wandeln: Sie werden das, was Ihnen jetzt noch fremd oder häßlich erscheint, als schön erkennen und sich einem Partner voller Stolz und Vertrauen zeigen und hingeben können ...

TIP 6

Wann ist ein Mann ein guter Liebhaber?

Liebe allein genügt nicht, um ein guter Liebhaber zu sein ...

Die Männer von anno dazumal hatten es leicht: Das Thema Nummer eins war für Frauen offiziell tabu, also wurde nicht öffentlich darüber diskutiert, wann ein Mann ein guter Liebhaber ist und wann nicht. Die Frau, die in der glücklichen Lage war, so ein Exemplar an ihrer Seite zu haben, genoß still ihr Glück. Wenn nicht, akzeptierte sie ihr Schicksal. Heute gehört das Thema »Guter Liebhaber – ja oder nein?« zu den häufigsten Fragestellungen, die an mich herangetragen werden. Üblicherweise antworte ich darauf, daß es nicht heißen sollte »Wann ist ein Mann ein guter Liebhaber?«, sondern: »Haben wir es gut im Bett?« Wenn diese Frage mit »Ja« beantwortet wird, purzeln sowieso alle Kategorien und Werte.

Trotzdem gebe ich zu, daß den guten Liebhaber doch Eigenschaften auszeichnen. Zum Beispiel ist der Mann ein guter Liebhaber, der einer Frau das Gefühl gibt, eine gute Geliebte zu sein. Damit stärkt er ihr Selbstwertgefühl und ihr sexuelles Selbstbewußtsein. Dadurch gelingt es der Frau, in seinen Armen Vertrauen zu haben und leichter aus sich herauszugehen. Anders gesagt: Sie wird hingabe- und damit genußfähiger.

Ein guter Liebhaber ist auch mit Beobachtungsgabe gesegnet und nicht darauf angewiesen, nur das Offensichtliche zu bewundern. Wenn eine Frau mit schönen blauen Augen hört, daß sie schöne blaue Augen hat, wird sie das nicht vom Sessel reißen. Aber sie wird fasziniert sein, wenn sie durch ein Kompliment etwas über ihr Wesen und ihre Persönlichkeit erfährt, was ihr noch nicht so selbstverständlich ist.

»Der gute Liebhaber ist kein allzeit bereiter Hengst«

Natürlich sollte ein guter Liebhaber über ein gewisses sexuelles Basiswissen verfügen. Ein Mann, der nicht weiß, daß die Klitoris hochgradig empfindlich ist und daher derbe Berührungen nicht angebracht sind, sollte sich in einer anderen Disziplin um Ehren und Lorbeeren bemühen. Zum sexuellen Grundwissen des guten Liebhabers gehört auch, daß er sein eigenes erotisches Erleben nicht eins zu eins auf die Partnerin überträgt: Was ihm gut tut und er anstrebt, muß nicht unbedingt auch Anliegen der Frau sein. Oder: Wenn elf Frauen nach dem Orgasmus eine weitere Stimulation genossen, muß das bei der zwölften nicht auch so sein. Die anderen sind immer anders.

Was zeichnet einen guten Liebhaber noch aus? Erotische Kultur. Erotische Kultur ist verfeinerte Sexualität. Damit ist nichts anderes gemeint, als daß man dem sexuellen Geschehen den jeweils richtigen Rahmen geben und mit Blicken, Gesten und Worten Stimmung schaffen kann. Im Gegensatz zum stumpfen Sexroboter mangelt es dem guten Liebhaber nicht an jener Sensibilität, die zu einer ganzheitlichen Erotik befähigt. Er versteht sich aufs Küssen und Streicheln ebenso wie aufs Zupacken und Zärtlichsein. Schließlich konzentriert sich ein guter Liebhaber nicht nur auf Geschlecht und Busen seiner Partnerin, sondern erfaßt ihren ganzen Körper mit all seinen Sinnen. Er weiß, wie ihre Achseln duften, wie sich ihre Haut anfühlt und ihre Stimme verändert. Diese Feinfühligkeit wird natürlich leicht zum Stolperstein. Der gute Liebhaber ist daher kein allzeit bereiter Hengst, sondern störungsanfällig. Macht nichts. Eine künstlerische Pause läßt das nächste Ereignis umso mehr ersehnen ...

TIP 7

Der Atem der Lust

Der Zusammenhang zwischen sexueller Erregung und Atemmuster wird oft übersehen ...

Eine Frage für Fortgeschrittene: Ist Entspannung die einzige und unumstößliche Voraussetzung für sexuelle Erregung? Ja? Bitte setzen und dazulernen: Entspannung ist ganz bestimmt eine gute Voraussetzung für Sexualität, aber genaugenommen steht sie sogar in einem Gegensatz zu sexueller Erregung.
Das Niesen ist ein ganz gutes Beispiel, um diesen scheinbaren Widerspruch zu veranschaulichen. Erst kitzelt es Sie in der Nase, dann spannen sich Ihre Gesichtsmuskel an und dann, »Hatschi!«, entlädt sich der Reiz, manchmal mit geradezu explosiver Kraft. Ich will die »Magie der Liebe« nicht in Frage stellen, aber in physiologischer Hinsicht verläuft die sexuelle Erregung bis hin zum Orgasmus in ähnlicher Weise ...

»Die Atmung ist ein Gefühlsthermometer«

In der Hoffnung, daß sich Erregung und Lustgefühle voll entfalten, halten viele Frauen ihren Körper bewußt passiv. Aber dann passiert oft das Gegenteil: Es kommt zu einer Spaltung der aktiven und passiven sexuellen Anteile und die Erregung verläuft nur so-la-la. Versuchen Sie doch einmal, Ihren ganzen Körper und vor allem Ihr Atemmuster zu aktivieren! Erregung und Lust steigern sich dadurch eher, als durch passives Abwarten. Also – auf die Plätze, fertig, los ...
Die Atmung ist ein Gefühlsthermometer – jede Gefühlsreaktion verändert prompt das Atemmuster. Erinnern Sie sich doch daran, wie man »vor Schreck den Atem anhält«. Damit will man unbewußt die unangenehme Gefühlsempfindung blockieren. Wenn Sie

beim Sex flach atmen, blockieren Sie den Erregungsaufbau! Mit tiefer, sanft rhythmischer Atmung steigern Sie ihn.
Einen noch stärkeren Effekt erreichen Sie, wenn Sie Ihren Liebesorganen im wahrsten Sinne des Wortes Leben einhauchen. Stellen Sie sich beim Einatmen vor, wie die Luft durch Nase und Mund eindringt, durch Ihren Körper wie in ein Gefäß strömt und sich überallhin ausbreitet. Sobald Ihnen dieses Atemmuster vertraut ist, können Sie sich an eine Übung wagen, die der amerikanische Therapeut Jack Lee Rosenberg entwickelte. Sie hört sich zwar kompliziert an, ist aber einfach zu machen und sehr erfolgreich: Bei dieser sogenannten »Beckenschaukel« geht es darum, Atmung und Bewegung in Einklang zu bringen. Rosenberg stellte fest, daß das Einatmen bei jeder Vorwärtsbewegung des Beckens einen Orgasmus erschwert, reduziert oder gar verhindert, weil sich beim Einatmen das Zwerchfell zusammenzieht. Dadurch wird das »Loslassen« im Bauch verhindert, das die Voraussetzung eines intensiven Orgasmus ist. Der simple Schluß: Ausatmen bei der Vorwärtsbewegung des Beckens, Einatmen bei der Bewegung zurück. Dieses Atemmuster sollten Sie alleine üben. Legen Sie sich auf den Rücken, ziehen Sie die Knie an, schaukeln Sie das Becken nach vor und atmen Sie aus. Dann das Becken nach hinten schaukeln und einatmen.
Der nächste Schritt besteht darin, daß Sie Ihrem Atem »Stimme« geben. Verströmen Sie sich und lassen Sie den Atem in Form von Seufzern, Röcheln oder Stöhnen aus sich herauskommen. Trauen Sie sich! Das A(h) und O(h) der Lust wird nicht auf sich warten lassen ...

TIP 8

Und ewig blockt das Weib

Warum sich Frauen beim Sex oft nicht konzentrieren können ...

»Morgen muß ich ein Hemd für Onkel Pauls Geburtstag besorgen«, dachte Gerda just in dem Moment, in dem Dieter besonders zärtlich wurde. Auch beim letzten Liebesakt drehten Gerdas Gedanken durch. Während Dieter sein Bestes gab, gingen ihr plötzlich die schlechten Mathematiknoten ihres Sohnes durch den Kopf. »Dabei liebe und begehre ich Dieter«, beteuert Gerda. »Und ich wünsche mir nichts mehr als einen Orgasmus.« Falls das stimmt, womit wäre dann ihre zwanghafte Abwehr – nichts anderes ist Gerdas gedankliches Abschweifen – zu erklären?

»Kosten Sie aus, was Sie spüren!«

Möglich, daß Gerda durch unbewußte Ängste dazu verleitet wird, mit unpassenden Gedanken ihre Lust zu blockieren: Angst davor, daß die Lust die Sinne schwinden läßt und es zu einem Kontrollverlust kommt. Angst davor, ihr passives Genießen könne den Partner enttäuschen. Angst vor vermeintlich schmutziger Geilheit. Alle diese Ängste können störende Gedanken produzieren. Die Palette der sexuellen Ängste ist ebenso groß, wie das Ausmaß unklarer Erwartungen, die Frauen oft mit dem Orgasmuserleben verbinden.
Aber: Wenn Sie zu sehr auf den Höhepunkt konzentriert sind, ist es gar nicht möglich, aufkeimende Lust wahrzunehmen. Die körperlichen Zeichen der sexuellen Erregung – zum Beispiel das Feuchtwerden der Scheide – sind fast immer da, aber die Reaktion darauf ist blockiert. In diesem Fall sollten Sie den Orgasmus Orgasmus sein lassen und sich nur auf wohltuende Empfindungen konzentrieren.

Wie duftet Ihr Partner? Wie schmecken seine Haut, seine Lippen, sein Haar? Welche Gefühle der Berührungsbehaglichkeit spüren Sie? Erwarten Sie nicht mehr als diese Wahrnehmungen, Entspannung und Wohlbehagen. Kosten Sie aus, was Sie spüren!
Das krampfhafte Bemühen, die lustvollen Gefühle bis zum Orgasmus zu steigern, läßt just in dem Augenblick, in dem die Sterne herabkommen sollten, ganz irdische Gedanken zu Störenfrieden werden.
Ob das Aufspüren unbewußter Angst- oder Schuldgefühle im Alleingang, mit Hilfe eines einfühlsamen Partners oder mit der Unterstützung eines/r Therapeuten/Therapeutin gelingt, hängt davon ab, wie tief die negativen Gefühle verwurzelt sind und ob überhaupt die Bereitschaft zum Durcharbeiten einer Blockade da ist.
Aber manchmal stecken nicht längst verdrängte Fehlinformationen, Phantasien, Ängste oder Schuldgefühle aus der frühesten Kindheit hinter der Blockade, sondern eine aktuelle, nicht eingestandene Enttäuschung in bezug auf den Liebsten. Eine Frau, die ihren Freund nach eigenen Worten »vergötterte«, wollte sich ihren gleichzeitig vorhandenen feindseligen Gefühlen ihm gegenüber nicht stellen, weil sie diese nicht mit ihren Heiratsplänen in Einklang bringen konnte. Erst als sie offen bekannte, daß sie ihm seine egoistische Freizeitgestaltung übelnahm, wurde ihre Erregung nicht mehr von störenden Gedanken blockiert.
Schließlich gibt es auch den ganz banalen Grund leichter Ablenkbarkeit. Was dann? »Ablenkung von der Ablenkung« lautet die Devise. Sexuelle Phantasien oder erotische Literatur helfen, »beim Thema« zu bleiben. Besser, es geistern Ihnen erotische Bilder durch den Kopf als Gedanken an Hemden oder Schulnoten ...

TIP 9

Wie viele Männer braucht eine Frau?

Es ist nicht immer pures Vergnügen, wenn eine Frau zwei Männer hat ...

Daß ein Mann eine Frau für das Bett und eine für das Herz hat, ist nicht neu. Schon die alten Griechen leisteten sich Hetären zu ihrem Vergnügen, Konkubinen für die Gesundheit und Ehefrauen für die Nachkommenschaft. Nun haben auch Frauen mehrere Männer gleichzeitig. Wenn die Männer mitspielen, konstruieren sich Frauen mit viel Aufwand einen Märchenprinzen aus den Schokoladenseiten mehrerer Männer.
Ich beobachte immer wieder, daß hinter der »Vielmännerei« sexuelle Unzufriedenheit steckt. Mit dem langjährigen Ehemann verbindet eine Frau Zuneigung und Kameradschaft, aber ihre erotischen Bedürfnisse stillt der Geliebte. Doch auch diese Leidenschaft bleibt nicht vom Zahn der Zeit verschont und wird zur innigen, asexuellen Dauerbeziehung. Wenn der Sex wieder ausgelagert wird, muß die Arme mit zwei »Bruder-Männern« so auskommen, daß sich keiner als Verlierer fühlt.
Mangel an angemessener Resignation ist ein anderer Grund für ein Liebespuzzle. Kaum ein Mann vereint alle Traumeigenschaften in sich. Hat er dank seiner Ellbogen Erfolg im Beruf, setzt er auch in der Partnerschaft seinen Willen durch. Ist er im Zusammenleben verständnisvoll und nachgiebig, kämpft er sich im Beruf nicht hoch. Oft kann so ein Mann nicht alle Persönlichkeitsfacetten seiner Partnerin abdecken und sie kann nicht zurückstecken. Also legt sie sich einen Zweitmann zu. Der hat die jeweils fehlenden Eigenschaften und rundet ihr Männerideal wieder ab. Mit zwei Partnern Interessen, Tisch und Bett zu teilen, bringt zwar aufreibenden Pendelverkehr, erlaubt aber die Illusion, ja doch alles haben zu können ...

»Frauen sind nicht monogamer als Männer«

Denken Sie nicht, daß das alle Gründe für eine Dreiecksliebe wären. So manche Frau braucht Dramatik und eine Überdosis an Stimulans, um sich selber zu spüren. Die Aufteilung von Sex und Gefühlen auf zwei Männer zwingt zugleich nach einem Terminplan und verursacht gleich an zwei Fronten Aufruhr und Szenen. Aber diese doppelte Portion an Turbulenzen ist das notwendige Aufputschmittel, mit dem Ich-Empfindungen aus dem Tiefschlaf geweckt werden.

Auch das gibt es: Eine Frau liebt ihren Mann, aber sexuelle Erfüllung erlebt sie nur mit einem Objekt der Begierde. Mit ihm teilt sie das Bett, nicht jedoch das Leben. Mit zwei Männern anstatt mit einem den Alltag zu gestalten, bedeutet zu wenig Zeit für sich selbst und ewige Zerrissenheit, vertuscht aber die Tatsache, daß auch frau dort, wo sie liebt, nicht begehren und dort, wo sie begehrt, nicht lieben kann.

Die Moral dieser Beziehungsthematik? Frauen sind nicht monogamer als Männer – sie waren früher nur mehr gesellschaftlichen und wirtschaftlichen Zwängen unterworfen. Da konnten sie nicht so, wie sie schon damals wollten. Die Ehre eines anerkannten Bindungsmodells steht dem Doppelleben der Frauen natürlich genausowenig zu, wie den Dreierbeziehungen der Männer. Auch in puncto Glück geht es Frauen mit zwei Männern genauso wie Männern mit zwei Frauen: Das jahrelange Schattendasein zehrt an Gefühlen und Nerven aller Beteiligten. Was Außenstehende für doppeltes Glück halten, quittieren die Betroffenen oft mit dem Werbespruch: »Wenn ich nur aufhören könnt' ...«

TIP 10

Basic Instinct

Flirtende Männer, die halbe-halbe machen, zahlen oft drauf...

Lothar sieht passabel aus, hat einen guten Beruf und ist unterhaltsam. Trotzdem bekommen seine Bekanntschaften nach dem zweiten oder dritten Treffen Züge eines Kriminalromans: Plötzlich ist Lothar nicht mehr gefragt. Ich ließ mir von Lothar den Ablauf seiner Rendezvous schildern, und es paßte alles, nur eines nicht: Wenn es ans Zahlen geht, teilt Lothar die Rechnung.
Ich weiß, daß es im Zeitalter der Emanzipation für viele Männer und auch Frauen selbstverständlich ist, halbe-halbe zu machen: »Warum nicht?« heißt es. »Wenn die Frau genauso viel oder nur unwesentlich weniger als der Mann verdient, kann sie sich doch ihre Pizza selbst bezahlen.« Natürlich kann sie das. Aber vermutlich findet sie dann nicht nur an der Pizza, sondern auch an ihrem mickrigen Begleiter wenig Geschmack. Die radikalen Feministinnen wollten den Frauen zwar einen guten Dienst erweisen, als sie darauf aufmerksam machten, daß nur die Gleichheit zwischen den Geschlechtern vor der Unterdrückung der Männer schützt. Aber wenn es um Liebesrituale geht, darf man das nicht wörtlich nehmen. Ich höre von Frauen immer wieder, daß sie stante pede abkühlen, wenn ein Mann einen Flirt mit allem Drum und Dran inszeniert und gleichzeitig im Restaurant die Zeche halbiert. Sagen Sie jetzt nicht, daß Frauen darauf aus seien, Männer auszunehmen oder gar, daß weiblicher Sex offenbar doch etwas koste, während männlicher Sex gratis sei. Hier geht es um ganz andere Dinge.

»Dividieren Sie ein Liebesmahl nicht durch zwei!«

Sobald eine Frau und ein Mann einander begegnen, die als Liebespartner in Frage kommen, folgen wir alle biologisch-genetischen

Verhaltensmustern, die unterhalb der Bewußtseinsschwelle liegen. Unsere Vernunft und Denkweise sind zwar vom 20. Jahrhundert geprägt, aber ob wir zu einem Mann »Ja« sagen, wird nicht allein davon, sondern auch von der menschlichen Entwicklungsgeschichte bestimmt. Und die sieht seit jeher vor, daß der Mann, der eine Frau umwirbt, Geschenke macht und Nahrung anbietet. Nicht nur Menschen verhalten sich seit ewigen Zeiten so, auch Tiere tun es. Vögel, Schimpansen und sogar Fliegen setzen Delikatessen als Liebesgabe ein. Hier haben wir es mit einem Phänomen zu tun, das so alt ist wie die Menschwerdung selbst: Weibchen paaren sich mit demjenigen Männchen, das aller Voraussicht nach nicht nur sein eigenes, sondern auch ihr Leben und das der Nachkommenschaft vor Schwierigkeiten und Hunger bewahren kann.

Der seltsame Unmut, der die Frau von heute befällt, wenn sie sich mit einem Geldschein an der Rechnung beim Italiener um die Ekke beteiligt, entspringt einem uralten Verhaltensmuster, das ganz im Sinne der Arterhaltung steht: »Hände weg von diesem Typ«, sagen die Gene, »bei dem bist du schlecht aufgehoben.«

Wenn Sie als Mann das nächste Mal eine Frau um ein Rendezvous bitten, an der Sie mehr als ein kollegiales oder freundschaftliches Interesse haben, sollten Sie unter allen Umständen die Rechnung übernehmen. Keine Angst, Sie werden nicht ausgenützt! Ein anderes Mal ist sie es, die einlädt oder sich mit einem Geschenk revanchiert. Aber wenn Sie ein Liebesmahl durch zwei dividieren, kann unser genetisches Erbe stärker sein als der Zauber der Verliebtheit ...

TIP 11

Die Macht der Verweigerung

Im Kampf um Liebe und Macht ist die Verweigerung für Frauen und Männer das Mittel der Wahl ...

Nein, man darf wirklich nicht sagen, daß die Ehe von Sigrid und Paul schlecht sei. Die beiden haben sich im Laufe der Jahre sogar ganz gut zusammengerauft. Sigrid verschwendet nicht mehr unnütz Energien darauf, daß Paul seine Hemden in die Wäscherei bringt und dafür weniger Geld für sein Motorrad ausgibt. Sie hat es auch aufgegeben, Paul dafür zu begeistern, öfter Gäste einzuladen. Der Ehealltag verläuft ganz nach Pauls Vorstellungen. Nur im Bett kommt Paul nicht immer auf seine Rechnung. Da ist es Sigrid, die bestimmt, wann er »darf« und wann nicht. »Ich kann nichts dafür«, sagt Sigrid, »ich habe eben weniger oft Lust auf Sex als Paul.« Wirklich? Mit ihren wiederholten Verweigerungen sichert sie sich – natürlich unbewußt – zumindest in der Sexualität jene Macht, auf die sie im Alltag verzichten muß.
Bei Johanna und Bernhard ist es anders. Johanna hat im Laufe der Zeit erkannt, daß es für sie äußerst unangenehme Konsequenzen gibt, wenn sie sich Bernhard verweigert. Er schreit dann die Kinder an, quält Johanna mit schlechter Laune oder läßt den mit Freunden geplanten Besuch im Prater ohne Erklärung platzen. Aus Angst vor Bernhards tyrannischen Reaktionen geht Johanna auf seine sexuellen Wünsche ein. Auch wenn sie überhaupt kein Bedürfnis danach hat, mit Bernhard zu schlafen, macht sie, was immer er will: Lieber drei Minuten die Zähne zusammengebissen als drei Tage Tyrannei.
Für beide Beziehungen ist der Mechanismus der Verweigerung bestimmend. Sigrid macht von einer Möglichkeit des Machtanspruches Gebrauch, der Frauen traditionell zugestanden wird – die sexuelle Verweigerung. Auf anderen Gebieten Macht zu beanspru-

chen, ist für viele Frauen nach wie vor unvorstellbar. Berechtigte Wünsche zu äußern und im Alltag einen Machtzuwachs zu erkämpfen, gestehen sich Frauen auch heute noch nicht zu. Damit die Machtbilanz dennoch halbwegs stimmt, werden »typisch weibliche« und daher akzeptable Strategien eingesetzt: Sexuelle Verweigerung und Lustlosigkeit.

»Viele Frauen verweigern sich, damit die Machtbilanz stimmt«

In den letzten Jahren ist die sexuelle Lustlosigkeit der Frauen rapide angestiegen. Aber das bedeutet nicht, daß deren Libido im Schwinden ist. Ihr »Ich habe keine Lust« heißt eigentlich: »Unter den gegebenen Umständen und mit Dir habe ich keine Lust.«
Männer verweigern sich anders – sie setzen bei der Angst der Frauen an. Aus Angst vor seiner Wut, aus Angst vor dem Entzug vor Zärtlichkeit und liebevollem Umgang und aus Angst davor, womöglich schuld am schlechten Familienklima zu sein, fügt sich so manche Frau sexuellen Handlungen, die sie gar nicht will: Ein Täter findet sein Opfer.
Die Moral von der Geschichte? Verweigerung, egal in welcher Form, ist oft ein heimlicher sexueller Krieg. Das Zentrum des Schlachtfeldes ist aber nicht die Sexualität, sondern das Seelische und Allgemeinmenschliche der Gegner. Gewinner kann es in diesem Geschlechterkampf nicht geben. Meist verflachen die Gefühle, weil der/die PartnerIn nur eindimensional gesehen wird: »Sie« als »sexuell desinteressiert«, »er« als »gefühlsroh«. Ein Dritter hat dann leichtes Spiel ...

TIP 12

Der entrechtete Phallus

Männern werden ständig Ratschläge gegeben, wie sie Frauen berühren sollen. Aber wissen Frauen, wie sie einen Mann anfassen müßten?

Erfolgreiche Revolutionen hinterlassen nicht nur Gewinner, sondern auch Entrechtete. Napoleon wurde auf die Insel Helena verbannt. Kaiser Wilhelm II. mußte in Holland Holz hacken. Das Opfer der jüngsten Revolution ist eindeutig der Penis: Der – berechtigte – sexuelle Aufstand der Frauen rückte das weibliche Geschlechtsteil in den Mittelpunkt des Interesses. Im Kampfgetümmel um weibliche Lust wurde der Phallus links liegen gelassen.
Kritisierten früher die Frauen »Er weiß nicht, wie er mich berühren soll«, klagen heute die Männer: »Nie greift sie hin.« »Sie faßt ihn mit spitzen Fingern wie ein heißes Würstchen an.« »Sie reißt daran herum wie an einem Schalthebel.«
Was für das Allerheiligste der Frau gilt, gilt auch für das beste Stück des Mannes: Rauhe Griffe sind nicht gefragt. Wenn Sie sein gutes Stück grundsätzlich mit eiserner Faust umklammern, müssen Sie damit rechnen, daß es sich diesem brutalen Zugriff entzieht, indem es sich schlicht und einfach klein macht. Was also sollte im Umgang mit der männlichen Mitte bedacht werden?

»Rauhe Griffe sind nicht gefragt«

Spielen Sie zärtlich und behutsam mit dem Penis! Streicheln Sie ihn vorerst nur an der Unterseite. Wenn sich der Liebesdiener strafft, können Sie – wieder an der Unterseite – einen kräftigeren Druck ausüben. Dann können Sie dazu übergehen, die schützende Haut langsam und in einem steten Rhythmus hin- und herzuschieben. An der Unterseite der Eichel ist die Vorhaut mit einem zarten »Bändchen« befestigt. Vorsicht! Zerren und allzu rauhe Griffe werden fast schon als leichte Körperverletzung empfunden.

Eigentlich sollten es immer zwei Hände sein, die den kleinen Mann auf Touren bringen – schenken Sie Ihre Aufmerksamkeit auch den Hoden! Denken Sie nicht, daß dieser Geschlechtsteil nichts anderes als ein lästiger Aufbewahrungssack für die männlichen Keimdrüsen sei. Die Hoden sind für drückende Liebkosungen sogar sehr empfänglich. Oft kommt erst dadurch die volle Erektion zustande.

Natürlich ist der Penis keine Konfektionsware. Manche blühen in einem trockenen Klima auf, aber die meisten entfalten ihre ganze Pracht im Vorgeschmack feuchter Liebeswonnen und sind für gleitfreundliche Spucke dankbar. Lobende Worte können ein Häufchen Elend im Handumdrehen in ein imposantes Wunderhorn verwandeln. Fast jeder Mann ist so sehr eins mit seinem Geschlechtsorgan, daß er die Gefühle, die Sie diesem entgegenbringen, 1:1 auf sich als Person bezieht.

Es ist auch eine typisch männliche Eigenart, daß eine Erektion nicht unbedingt starke Erregung und ein schlaffer Liebesknecht nicht zwangsläufig Desinteresse bedeutet. Auch oder erst recht, wenn sich ein Penis bescheiden und unauffällig im Hintergrund hält, während sein Herr vielleicht die Dame seines Herzens für die Liebe vorbereitet, weiß er tätige Aufmerksamkeit zu schätzen. Warten Sie also mit Liebkosungen nicht ab, bis der beste Teil des Mannes wie ein Mahnmal der Lust vor Ihnen steht. Nehmen Sie ihn wie er ist! Sein Werden und Wachsen wird Hand in Hand mit Ihrer Lust gehen ...

TIP 13

Die paradoxe Leidenschaft

Je mehr sich der eine bemüht, dem anderen zu gefallen, desto mehr zieht sich dieser zurück ...

Wer kennt nicht das launische Spiel der Liebe: Je mehr einer zurückweicht, desto mehr bemüht sich der andere um ihn. Dann wendet sich das Blatt und alles läuft umgekehrt. Dean Dellis, Professor für Psychiatrie an der University of California, fand für diese paradoxe Leidenschaft eine einleuchtende Erklärung: Heftiges Verliebtsein führt zu dem Gefühl, über den anderen keine Kontrolle zu haben und ihn womöglich zu verlieren. In dieser Situation reagiert man wie in jeder anderen Streßsituation. Das Gehirn aktiviert bestimmte Hormone, die zum Angriff bereit machen. Und was ist »Angriff« in der Liebe? Das klassische Werbeverhalten. Durch die verstärkte Hormonausschüttung, das Gefühl der Verliebtheit und Verlustangst, entsteht eine innere Erregung, mit der die Schraube des Werbeverhaltens immer enger wird: Der eine bemüht sich immer mehr, die geliebte Person doch unter Kontrolle zu bringen. Der andere weist ihn immer kaltschnäuziger zurück. Die Positionen eines »Überlegenen« und eines »Unterlegenen« sind geschaffen. Die paradoxe Situation kann innerhalb einer festen Beziehung ein Dauerzustand sein oder phasenweise auftreten. Sie kann aber auch mit anderen Partnern zustande kommen. Zum Beispiel bemüht sich eine Ehefrau (Unterlegene) verzweifelt um ihren Mann (Überlegener), der seinerseits bei einer Geliebten der Unterlegene ist.

»Ein Machtwechsel kann eine Beziehung neu beleben«

Solange die paradoxe Leidenschaft in einer Partnerschaft immer nur kurzfristig spürbar wird, gibt es keinen Grund, sich graue

Haare wachsen zu lassen. Der Wechsel der Macht kann eine Beziehung sogar immer wieder neu beleben. Aber wenn die paradoxe Leidenschaft fixer Bestandteil des Lebens wurde, sollten Sie sich um eine Balance bemühen.

Nehmen Sie in Ihrer Beziehung die Position des/der Unterlegenen ein? Dann sorgen Sie für mehr Distanz! Bemühen Sie sich auch, hinter die Gedankenstruktur zu kommen, die Ihrem, vermutlich unterwürfigen, Verhalten zugrunde liegt. Ersetzen Sie ein Katastrophieren (»Wenn ich ihn/sie verliere, ist mein Leben zu Ende«) oder ein Generalisieren (»Ich scheitere eben immer und überall«) durch konstruktive, positive Denkmuster. Konzentrieren Sie Ihre Energien nicht nur auf Ihren Partner, sondern verstärkt auf andere Lebensbereiche. Mit diesen Maßnahmen stärken Sie Ihr Selbstwertgefühl, und Ihre Beziehung läßt sich leichter ausbalancieren.

Aber auch als Überlegener sollten Sie versuchen, hinter Ihre Haltung zu schauen. Vielleicht panzern Sie sich den Gefühlen des/der Partners/Partnerin gegenüber aus Angst vor Verletzbarkeit? Vielleicht verstärken Schuldgefühle, die Sie wegen Ihrer Kälte haben, die Unausgewogenheit in Ihrer Beziehung? Wenn Sie Ihre Partnerschaft nicht wirklich aufgeben, sondern erhalten wollen, müßten Sie nicht mehr Distanz, sondern mehr Nähe zum/zur PartnerIn suchen und Ihre Neugier auf ihn/sie aktivieren.

Falls Sie Ihr Glück in einer Trennung und neu gewonnenen Freiheit vermuten, muß_ich Sie warnen: Ohne den warmen Mantel der Liebe wird der Mechanismus der paradoxen Leidenschaft schnell wirksam. Ehemalige Überlegene werden bei anderen Partnern zu Unterlegenen, wenn diese Bedürftigkeit spüren und darauf prompt mit dem Verhalten des Überlegenen reagieren ...

TIP 14

Die große und die kleine Lust des Mannes

Nicht jeder Höhepunkt ist wirklich ein Orgasmus ...

Wozu das Drumherumgerede? Samenerguß und Orgasmus sind nicht ein und dasselbe. Ich weiß, daß viele Frauen das glauben und sogar Männern nicht klar ist, was sich in manchen Sekunden zwischen ihrem Hirn und Schoß ereignet. Aber der Unterschied zwischen Samenerguß und Orgasmus ist so groß wie zwischen einem kläglichen Rütteln an einer Eisenstange und Beethovens Neunter, gespielt von den Wiener Philharmonikern.
Eigentlich müßte jeder seelisch gesunde Mann leicht feststellen können, was den Unterschied ausmacht – die Gegenwart und das Einswerden mit einer geliebten Person. Natürlich ist es für einen Mann oft leichter und schneller möglich, sich mit kundigen Griffen selber Entladung zu verschaffen – aber das ist auch schon alles, was bei der Selbstbefriedigung herauskommt. Dagegen ist ein Höhepunkt, der im Rahmen eines Liebesaktes erreicht wird, ein Lustphänomen, an dem Körper und Seele gleichermaßen beteiligt sind. »Wenn ich mich auf Sex einlasse, nur weil es gerade wieder einmal unbedingt notwendig ist, ist das für mich nur eine mechanische Erleichterung«, erklärte mir erst unlängst ein Bekannter. »Aber mit einer Frau, die ich liebe, komme ich richtig in Wallung.«
Dieser antiquierte Ausspruch beschreibt sehr treffend, was ein Mann bei einem »richtigen« Orgasmus erlebt: Die Lust, die als Ergebnis von visuellen und Geruchseindrücken, Worten, Berührungen und Gefühlen entsteht, durchwogt nicht nur den ganzen Körper eines Mannes, er gibt sich seinen Empfindungen und der Geliebten gleichzeitig mit seinem ganzen Selbst hin.
Ich bin sicher, daß es nicht wenige Männer sind, die selten einen Orgasmus in diesem Sinne, sondern nur einen Samenerguß mit

einer relativ niedrigen Erregungssumme erleben. Vielleicht wurden sie als Kind dazu erzogen, sich »immer unter Kontrolle zu halten«, »sich nicht gehen zu lassen« und Gefühle »im Zaum zu halten«. Gefühle, die nicht mehr voll und frei ausgedrückt werden können, werden auch nicht mehr voll erlebt. Anders gesagt: Die Gefühlsblockade führt zu einer tiefen muskulären Anspannung, die ihrerseits wieder das freie Strömen von warmen, zugewandten Lustgefühlen unmöglich macht.

»Das Herz ist wirklich das Organ der Liebe«

Alexander Lowen, der Begründer der Bioenergetik (das ist eine Therapieform, die versucht, durch gezielte Körperübungen sexuelle Störungen zu beheben), behauptet sogar, daß das Herz am Phänomen total erfüllter Lust beteiligt sei. Seiner Meinung nach lösen nur Gefühle der Zuwendung und des Verlangens eine Erregung aus, die sich auf den ganzen Körper ausbreitet, schließlich auch das Herz, das »Organ der Liebe«, erfaßt und als lustvolle Verzückung, als Orgasmus, ins Bewußtsein gelangt. Für mich ist Lowens Erklärung einleuchtend. Sie brauchen nur auf den Volksmund zu hören, wenn gesagt wird »jemand sei kaltherzig«, »das Herz sei ihm vor unglücklicher Liebe gebrochen«, er habe ein »offenes Herz« oder es »zerreißt einem vor Sehnsucht das Herz«. Natürlich ergeht es nicht jedem gleich. Aber verwunderlich wäre es nicht, wenn ein Mann, der beim Sex nicht auch mit seinem Herzen dabei ist, buchstäblich nur einen kleinen Zipfel der Lust erleben kann ...

TIP 15

Sex im Duett

Bei der Selbstbefriedigung zu zweit ist zwar jeder für sich, aber nicht alleine ...

Die Luft ist lau, das Schlafzimmer dunkel. In der Stille der Nacht wird die Frau durch ein heftiges Atmen des Mannes neben ihr wach. Schlaftrunken nimmt sie wahr, daß sich die Matratze in einem sanften Rhythmus bewegt. Das Atmen wird stärker. Sie spürt mehr, als sie sieht, daß sich die Bettdecke ihres Partners auf und ab senkt. Jetzt ist die Situation eindeutig: Sie ist Zeugin seiner Selbstbefriedigung. Was soll sie tun? Sich schlafend stellen, um ihm die peinliche Entdeckung zu ersparen? Die Liebesgeste übernehmen, um die er sie aus Rücksicht auf ihren Schlaf nicht bitten wollte?
Gedanken über Gedanken jagen durch den Kopf. Und tief verborgen eine aufkeimende, dunkle Erregung. Darf man so etwas überhaupt zulassen? Darf man auf diese pochende Sinnlichkeit reagieren, die angesichts der Onanie des Partners entsteht?
Die meisten Frauen wagen es nicht, ihrer Phantasie und der geheimen Verführung dieser erotischen Delikatesse nachzugeben. Ist schon die Masturbation ein Tabu der Sexualität, ist es die Selbstbefriedigung zu zweit erst recht. Obwohl man es eigentlich sehr aufregend fände, einmal zu zweit Hand anzulegen, Spiegel und Auge gleichzeitig zu sein und den Lustgewinn zu verdoppeln, überwiegen die Skrupel.
Da ist zuallererst die Angst, den/die PartnerIn mit der offenen Freude am Sex im Duett zu verschrecken. Vielleicht hat er/sie Angst, »nicht gut genug« zu sein? Womöglich wird das Liebesspiel zu zweit als pervers empfunden? Wer sagt, daß der/die andere den Anblick der Selbstvergessenheit und die Hingabe an den eigenen Körper nicht als Ablehnung der eigenen Person auffaßt?

»Mit den Phantasien erwachen alte Kinderängste«

Schon allein die Tatsache, sich für den Sex im Duett auszusprechen, erfordert uneingeschränktes, tiefes Vertrauen. Das ist erst recht notwendig, wenn es darum geht, die eigenen Skrupel zu überwinden. Was nützen die heißesten Phantasien über die Onanie zu zweit, wenn Zug um Zug damit eigene, alte Kinderängste wach werden: Die elterlichen Verbote, die man mit schlechtem Gewissen doch übertreten hatte ... Das demütigende Erlebnis des Erwischtwerdens ... Das quälende Gefühl, eine Sünde auf sich zu laden, weil man nicht fähig war, der Lust Widerstand zu leisten. Und schließlich die brisante Selbstdarstellung und das Offenlegen der ureigensten Lusterfüllung. Zu allem Überfluß kommt bei dieser Variation der Orgasmus meist auch noch schneller als beim Liebesakt. Wenn der Weg zum Gipfel zurückgelegt werden kann, ohne Gefühle und Körper an ein anderes Lustmuster anpassen zu müssen, ist das kein Wunder.
So viele Lockungen, so viele Bedenken! Trotzdem – ich bin dafür, einmal nicht den üblichen Geschlechtsverkehr, sondern die Selbstbefriedigung zu zweit ins Zentrum der Sehnsucht der Erfüllung zu rücken. Das Vertrauen, das diese Intimität voraussetzt, verbindet oft mehr als der vielgerühmte Koitus. Auch den Vorwurf der Egozentrik kann ich zerstreuen: Das gegenseitige Erleben der persönlichsten Befriedigung vermehrt jenes Körperwissen, das die Lust und Lebendigkeit des gemeinsamen Liebesaktes verstärkt. Der Sex im Duett ist eben keine schmachvolle Ersatzhandlung, sondern eine bewußt gewählte Erweiterung der sexuellen Kommunikation ...

TIP 16

Liebeslust in falscher Lage

Warum der Liebesakt oft nicht genügt, um den Gipfel der Lust zu erreichen ...

Bei Vorträgen und Interviews werde ich immer wieder nach dem am meisten genannten sexuellen Problem der Frauen gefragt – es ist das Unvermögen einer grundsätzlich orgastischen Frau, beim Liebesakt zum Höhepunkt zu kommen. Doch was von den Frauen als persönliches Versagen empfunden wird, ist völlig normal: Die Nervenenden, die Lustgefühle bis zum Orgasmus auslösen können, liegen in der Klitorisgegend und im Scheideneingang. In mechanischer Hinsicht kommt just diese Stimulierung zu kurz.

Natürlich ist der Liebesakt höchst erregend und durch das Gefühl der Vereinigung und des Ausgefülltseins emotional stark befriedigend. Wem sage ich das? Aber ein Orgasmus ist damit nicht automatisch verbunden.

Abgesehen von der Lebendigkeit des PC-Muskels, mit dem der Scheideneingang verengt und die Reiz- und Zugimpulse intensiviert werden können, ist auch die Lage der weiblichen Genitalien mitentscheidend, ob der Liebesakt allein zum Höhepunkt führt: Wenn der Scheideneingang weiter vorne liegt, kann die Klitoriszone durch die Bewegungen beim Verkehr und den Druck des männlichen Schambeines vielleicht stark genug gereizt werden, um einen Orgasmus auszulösen. Liegt die Scheide in kürzerem Abstand vom After, also weiter hinten, ist das schon nicht mehr möglich. (Oft ermöglicht ein Polster unter dem Becken der Frau, daß die entscheidenden Zonen nicht nur eine flüchtige Bekanntschaft mit dem Penis machen.)

Obwohl nur etwa ein Drittel der Frauen allein durch den Verkehr im wahrsten Sinne des Wortes in der »Lage« sind, einen Orgasmus zu erleben, schämen sich die meisten einzugestehen, daß ihnen erst eine zusätzliche, zärtliche Reizung mit der Hand den letzten Schub zum Gipfel der Lust gibt: Ein nichtvaginaler Orgasmus gilt in unserer männerorientierten Kultur noch heute als zweitklassig.

»Wahre Männlichkeit reicht bis in die Fingerspitzen«

Für viele Männer ist es schmeichelhafter und vor allem einfacher, eine Frau nur durch ihre stramme »Männlichkeit« zum Orgasmus zu bringen. Sensible Fingerfertigkeit ist nicht jedes Mannes Sache. Doch nicht nur die Männer, auch die Frauen haben manchmal ihre liebe Not mit dem Millimeter-Ding. Das zierliche weibliche Lustorgan wird oft zum wunden Punkt, weil es nicht spontan reagiert oder sich, verborgen unter Hautfalten, nicht einmal richtig fassen läßt.

Noch dazu ist der ideale Druckpunkt nicht konstant. Die Liebesperle liegt einmal weiter oben, einmal weiter unten. Man findet den »point of no return« leichter, wenn möglichst der ganze Finger, also nicht nur die Fingerkuppe, aufliegt. Männer meinen es oft zu gut und bearbeiten die zarte Knospe direkt. Aua! Richtig ist ein indirektes, sanftes Streicheln der Klitoriszone.

Erfüllte Sexualität ist natürlich nicht nur eine Frage der Technik, sondern hat viel mit Selbstbewußtsein zu tun. Damit ist die Art und Weise gemeint, in der sich ein Mensch seiner selbst bewußt ist. Leider praktizieren Frauen ausgerechnet beim Sex anstatt Selbstbewußtsein oft »Fremdbewußtsein«: Sie orientieren sich an den Vorstellungen des Partners und praktizieren mehr oder weniger lustlos nur rein phallischen Sex. Würden sie ihm offen sagen, daß wahre Männlichkeit bis in die Fingerspitzen reicht, hätten sie mehr Genuß und Freude am Geliebten im besten Sinne ...

TIP 17

Das intimste Lippenbekenntnis

Es ist kein Zufall, daß sich mehr Männer als Frauen für Oralsex erwärmen können ...

Für mehr als 70 % der österreichischen Männer steht Oralsex auf Platz eins der Hitliste erotischer Wünsche. Frauen können dieser Liebesgeste nicht soviel Geschmack abgewinnen. Die meisten machen »Fellatio« (lat. Herbeiführen der Ejakulation mit Lippen und Zunge) aus Gefälligkeit, 48 % gar nicht.

Für die Zurückhaltung der Frauen gibt es einleuchtende Gründe. Zum Beispiel die Tatsache, daß kleinen Mädchen für den Körper eine Art »Stink-Kataster« vermittelt wird: Alles, was der Körper ausscheidet, ist unrein – besonders das, was im Zusammenhang mit der Sexualität ausgeschieden wird. Auch die Werbung suggeriert, daß zum Beispiel die Menstruation »unsauber« sei und die »kritischen« Tage am besten weggezaubert werden sollten. Persönlichkeitsbegriffe wie »rein«, »sauber« oder »Dreckstück« werden interessanterweise nur mit Frauen assoziiert. Dem männlichen Geschlecht gesteht unsere Kultur eine gewisse Unsauberkeit als Hinweis auf Vitalität und Kraft sogar zu. Kein Wunder also, daß erwachsene Männer Sauberkeit und Gerüchen gegenüber entspannter sind als Frauen, die sich dem körperlichen Stink-Kataster biologisch verpflichtet fühlen. Auch ein frisch gewaschener Penis, der nicht stinkt, sondern duftet, fällt ihrem Stink-Kataster-Denken zum Opfer und wird als anrüchiges Ausscheidungsorgan abgelehnt.

»Über das Gefühl von Intimität entscheiden Zentimeter«

Ein anderer Grund für den Widerstand vieler Frauen gegenüber dem erotischen Lippenbekenntnis ist in Zentimetern zu messen.

In internationalen Untersuchungen wurde festgestellt, daß die emotionale Qualität der menschlichen Kommunikation von der Entfernung bestimmt wird. Je näher einander die Köpfe einer Frau und eines Mannes sind, desto wärmer, menschlicher und gefühlvoller wird die Kommunikation erlebt. Je mehr die Entfernung der Köpfe voneinander zunimmt, desto sachlicher wird die Situation empfunden. Die räumliche Distanz zwischen den Köpfen ist es also, die der Frau beim Oralsex den Eindruck vermittelt, eine, von innigen Gefühlen losgelöste, sexuelle Praktik durchzuführen. Da Männer Sex und Gefühl besser voneinander trennen können, finden sie auch mehr Geschmack an Oralsex.

So manche Frau verweigert einem Mann orale Freuden, wenn sie mit ihm in einen Machtkampf verwickelt ist. Dann fürchtet sie, daß die kniende Position, die sie beim Oralsex einnimmt, dem Partner eine gewisse sadistische Befriedigung oder zumindest das Gefühl der Macht ermöglicht.

Wenn von Oralsex die Rede ist, kommt natürlich auch »69« zur Sprache. Auch hier gilt: Männer haben mehr Freude daran als Frauen. Im Gegensatz zu ihnen können Männer trotz anstrengender Körperhaltungen ihre Erregung steigern. Eine Frau kann sich nicht der Lust hingeben, wenn sie gleichzeitig dem Knie des Geliebten ausweichen, den Druck seines Beckens austarieren, eine Genickstarre vermeiden und noch dazu Lippen und Zunge unter Kontrolle halten soll. »69« ist zu unbequem, um für die erdrückende Mehrzahl der Frauen mehr als nur ein Gefälligkeitsakt zu sein. »34 ½« ist viel erfolgversprechender! Wer als erster dran kommt, ist egal. Der Appetit nach dieser intimen Liebesgeste wird durch das Warten auf den eigenen Genuß nicht kleiner ...

TIP 18

Erotisches Hairstyling

Immer mehr Frauen und Männer bevorzugen einen glatten Venushügel ...

Angeblich war die italienische Porno-Queen Cicciolina die Vorreiterin der »unten-ohne«-Welle: Nachdem sie beteuerte, daß ein unbehaartes, weibliches Geschlecht Männeraugen zum Leuchten und Lippen zum Beben bringe, trennten sich spontan 3 % der Frauen von ihrer Schambehaarung. Sind Sie für oder gegen »unten ohne«? Vielleicht können Sie nicht auf Anhieb antworten, denn unsere Beziehung zu dem krausen Dreieck ist eine haarige Angelegenheit.
Viele Frauen finden ihr natürlich gewachsenes blondes, braunes oder schwarzes Vlies nicht schön. Sie fassonieren ein Herz oder rasieren bis auf eine schmale Schneise alles weg, bis nichts mehr an das einladende, dreieckige Pelzchen erinnert.
Ich gebe ja zu, daß für die Badesaison manchmal eine messerscharfe Veredelung des Schamhaars vorteilhaft ist – ein im Schritt wild umwucherter Bikini ist nicht sehr ästhetisch. Aber hinter so manchem Hairstyling steckt nicht modisches Empfinden, sondern Unsicherheit gegenüber der eigenen sexuellen Kraft: Je dichter, wilder und üppiger der Venushügel bewachsen ist, desto mehr aggressive Sexualität strahlt er aus. Auch auf die Frau selbst.
Eine Frau, die das ganze Ausmaß ihrer sexuellen Vitalität auskostet, ist meist stolz auf ihr Schamhaar. Sie zeigt es gern und stutzt es nicht radikal zurück. Wozu denn auch? Sie braucht nicht den beruhigenden Anblick eines kaum behaarten unschuldigen Mädchen-Pipis, um sich vor sich selbst sicher zu fühlen. Die Kraft, die hinter ihrem wuchernden Gekringel schlummert, ängstigt sie nicht, sondern macht sie selbstbewußt. Kein Wunder, daß Männer gerade eine solche Frau bitten, daß sie zur Klinge greift und sich zwi-

schen ihren Schenkeln enthaart. Ein glatter, jungfräulicher Mädchenschoß soll ein neues Dorado der Sinnlichkeit entschließen.

»Dichtes Schamhaar strahlt aggressive Sexualität aus«

Aber dann gibt es oft eine Überraschung. Anstatt daß sich dem Mann ein harmloses, weil haarloses, überschaubares Geschlecht bietet, wirkt seine Liebste nach wie vor herausfordernd. Wie das? Ganz einfach: Bei einer sexuell aktiven Frau weckt die provokante Wölbung des Venushügels, der nun gut sichtbar ist, die Vorstellung, daß sie einen Penis besitzt und daher männlich agieren kann. Zwar strahlt auch das dichte Lockengekringel sexuelle Aggressivität, also etwas Männliches aus, aber gleichzeitig verdeckt das Schamhaar die phallische Wölbung des Venushügels, der oft noch herausfordernder wirkt.

Da fällt mir ein: Wie sähe denn ein Mann mit rasiertem Schamhaar aus? Angeblich gibt es ja Männer, die das tun, damit ihr Penis größer wirkt. Die Wurzel des guten Stücks kann sich dann nicht mehr im Schamhaar verlieren und Freund Hugo blufft mit geschenkten Millimetern.

Aber nicht von unbehaarter Männlichkeit ist heute die Rede, sondern von behaarter Weiblichkeit. Wo Haar steht, ist Freude, sagt der Volksmund. Richtig. Haare sind Blitzableiter der Lust! Schade um die Wolle, die der Badezeit einer totalen Rasur zum Opfer fällt. Das behaarte Delta der Venus hat die Strahlkraft eines Liebesnestes: Weich und duftend lädt es zur Schatzsuche und zum Berühren und Liebkosen ein ...

TIP 19

Die passive Frau

Die Vorurteile und Irrtümer hinsichtlich der weiblichen Passivität sind alt und zäh ...

»Ich sehe rot, wenn mir ein Mann signalisiert, daß ich ihm beim Sex zu passiv bin.« Was die 26jährige Vera am meisten wurmt: Nach außen hin wirkt sie am Höhepunkt der Lust tatsächlich passiv. Sie schreit nicht und schmeißt sich nicht herum. »Ich vergehe«, sagt sie. »Ich löse mich auf.« Es gab einen Mann in Veras Leben, der sie, nachdem sie total verausgabt in seinen Armen lag, traurig fragte: »War es nicht schön für dich?« Ein anderer machte ihr sogar den Vorwurf: »Du liegst da wie ein Plumpsack.«
Seither bekämpft Vera ihre Passivität: »Ich schlage um mich und trommle meinem Geliebten mit den Fäusten auf den Rücken. Dann ist er glücklich, weil er glaubt, daß ich einen tollen Höhepunkt habe.« Hat sie einen? Nein. Den erlebt sie nur, wenn sie passiv ist.
Vielleicht haben auch Sie nicht den Mut, sich zur sexuellen Passivität zu bekennen. Für viele Frauen ist der Begriff der Passivität mit dem Mief und Muff einer Zeit befrachtet, in der Aktivität mit Erfolg und Männlichkeit und Passivität mit Benachteiligung und untergeordneter Weiblichkeit gleichgesetzt wurde. Noch bis in die sechziger Jahre waren Frauen in diesem Sinne unfreiwillig passiv: Von einer anständigen Frau erwartete man, daß sie keine eigenen sexuellen Bedürfnisse zeigt, sondern nur auf die Aktionen des Partners reagiert. Gegen diese zwangsverordnete Passivität rebellierte die nächste Frauengeneration. Sex wurde zu einem Kampf, in dem die Kontrolle nicht aufgegeben werden darf. Passivität wurde als Zeichen der Kraftlosigkeit und Schlaffheit rigoros abgelehnt.

Mit dieser Haltung schüttete man das Kind mit dem Bade aus. Simone de Beauvoir, die mit viel Feingefühl das weibliche sexuelle Erleben analysierte, plädierte schon vor Jahrzehnten für die erotische Passivität der Frau: »Ihre Passivität ist keine Erstarrung ... Ihre ganze glühende Vitalität geht in den Körper über.« Sich passiv zu machen und genußvoll mit-sich-machen-zu-lassen – das ist eben etwas ganz anderes, als ein passives Objekt zu sein.

»Gefälligkeits-Aktivismus bringt Frauen um den Genuß«

Frauen wissen das. Trotzdem versuchen viele, der männlichen Forderung nach »action im Bett« nachzukommen. Mit bewußt eingesetzter sexueller Aktivität wollen sie die männlichen Vorstellungen von weiblicher Leidenschaft erfüllen. Männer orientieren sich gerne am eigenen Geschlechtsapparat und messen weibliche Leidenschaft an deutlich sichtbaren, körperlichen Resultaten, wie es die Erektion oder das drängende Stoßen sind. Aber was tut sich Sichtbares bei einer Frau? Manchmal nichts.

Wenn eine Frau nicht mit ihrem Becken schlingert und mit ihren Gliedmaßen zuckt, sticht ihre Lust nicht ins Auge. Die Enttäuschung des Liebhabers ist dann oft nicht zu übersehen. Also wird gestöhnt und gezuckt, daß die Wände wackeln. Dieser Gefälligkeits-Aktivismus bringt Frauen um ihr sexuelles Selbstbewußtsein und ihren Genuß: Weibliche Erregung kommt ja nicht nur durch eine Aneinanderreihung von Reizen zustande, sondern auch durch die Fähigkeit, sich sexuellen Handlungen hinzugeben und sozusagen im Gegenzug mit Passivität darauf reagieren zu können. Daß diese Passivität pure Wollust ist und ein hohes Maß an Aktivität erfordert, spüren jene Männer, die den Unterschied zwischen sexuellem Handeln und sexuellem Fühlen kennen. Auf oberflächliches Spektakel und »action im Bett« verzichten diese Liebenden gerne ...

TIP 20

Das Risiko des ersten Schritts

Ein sexuell interessierter Mann muß nicht weniger als 150 Möglichkeiten einer Zurückweisung in Kauf nehmen ...

Männer erzählen manchmal mit Schaudern die grausige Geschichte von der »Schwarzen Witwe«. Bei dieser Spinnenart legt sich das Männchen beim Akt so sehr ins Zeug, daß es sich nicht mehr aus eigener Kraft vom Weibchen lösen kann. Sobald das Weibchen befriedigt ist, beißt es dem Männchen den Kopf ab. Das hat der arme Spinnenmann nun davon, daß er sich für das Objekt seiner Begierde so abgestrampelt hat ...
Das Bemühen des Mannes, eine Frau für sich zu gewinnen, endet zwar nicht so dramatisch, aber seine Verletzbarkeit ist immer noch groß genug: Der US-Forscher Warren Farell untersuchte die Phasen der sexuellen Annäherung und stellte fest, daß ein Mann zwischen dem ersten Augenkontakt und dem ersten sexuellen Kontakt 150 Möglichkeiten einer Zurückweisung in Kauf nehmen muß. Und das bei jeder neuen Frau, bei der er sein Glück versucht! Das setzt dem männlichen Ego ganz schön zu.
Da läßt sich eine Frau zwar auf einen vielversprechenden Augenflirt ein, aber bei der ersten zaghaften Berührung blitzt der Freier ab. Oder sie erlaubt »zufällige« Berührungen, entzieht sich aber, wenn er sie richtig küssen will. Die Unvorhersehbarkeit weiblicher Reaktionen ist nicht die einzige Quelle männlicher Wunden. Auch seine Hartnäckigkeit kann einem Mann zum Verhängnis werden. »Gibt man zu schnell auf«, klagt Stefan, »ist man ein Schlappschwanz. Bleibt man dran, heißt es, man ist aufdringlich.« Tatsache ist, daß Risiko und Last der sexuellen Initiative nach wie vor hauptsächlich vom Mann getragen werden. Er geht nicht nur das Risiko einer barschen Abfuhr ein, er steht auch ständig am Prüfstand.

»Teilen Sie als Frau das Risiko der sexuellen Annäherung!«

Wirkt er lächerlich, wenn er ihre Brust über der Bluse streichelt? Geht er zu weit, wenn er ihr gleich in den Ausschnitt greift? Soll er erst über sein Verlangen nach ihr sprechen und sie dann küssen? Oder soll er sie küssen, ohne vorher lange zu reden? Soll er ein Signal von ihr abwarten? Oder verpaßt er seine Chance, wenn er sein Handeln von ihren Signalen abhängig macht?
Unberechtigt sind diese Überlegungen nicht. Es gibt genügend Frauen, die zugeben, daß sie bei einem bestimmten Mann überhaupt nicht an Sex dachten, bis er sich ernsthaft an sie herangemacht hatte. »Es hängt eben davon ab, wie es einer anstellt«, meint die 24jährige Nadja. Leicht gesagt! Diese weitverbreitete weibliche Haltung widerspricht der Erwartung, daß ein Mann erst dann sexuell agieren darf, wenn er von einer Frau grünes Licht bekommen hat. Einerseits soll ein Mann positive Signale abwarten, andererseits entwickelt sich eine Frau erst, wenn ein Mann schon initiativ geworden ist. Gibt es eine Möglichkeit, den Männern diesen Druck zu erleichtern? Ja. Teilen Sie als Frau das Risiko der sexuellen Annäherung. Geben Sie rechtzeitig und eindeutige Signale. Übernehmen Sie in den einzelnen Stadien der Annäherung auch einmal die Initiative. Der Versuch lohnt sich. Erstens verstehen Sie Männer und ihre Verhaltensweisen besser, wenn Sie auch einmal in deren Rolle schlüpfen. Zweitens verhindern Sie, daß ein Mann das »Vorher« reduziert und auf schnellen Sex aus ist, nur weil er Angst vor einer verletzenden Zurückweisung hat ...

TIP 21

Die Lustgemeinschaft

Wenn eine Zweierbeziehung ausgeleiert ist, soll der erlösende Dritte neue Töne ins erotische Register bringen ...

Die Annoncenteile einschlägiger Zeitschriften zeigen es: Die Tendenz zur Bildung von Lustgenossenschaften ist steigend. Vor allem kleinbürgerliche Paare im mittleren Alter versuchen, die nachlassende Libido aufzuputschen, indem sie sich bemühen, eine andere Frau für ihr Liebesspiel zu gewinnen. Wenn Männer die treibende Kraft sind, wollen sie oft Supermännern wie James Bond nacheifern, die, umringt von mehreren Schönen, suggerieren, sie könnten zwei Frauen gleichzeitig befriedigen. Aber nicht nur männliche Größenphantasien, auch die Neigung zu sexuellen Allegorien wecken den Wunsch nach Sex zu dritt. Man träumt von drei ineinander verschlungenen Körpern und vom Genuß, der gleichzeitig aktiv gegeben und passiv ausgekostet wird. Man ist Auge und Spiegel gleichzeitig.

»So mancher flotter Dreier endet als Trauerspiel«

Doch so spontan ein flotter Dreier auch scheinen mag, hat er doch seine eigenen Gesetze. Wenn ein Pärchen eine Gespielin aufnimmt, wird unbewußt das uralte Drama vom Weggehen und der Heimkehr inszeniert: Der Mann gerät mit der Dritten auf Abwege, findet aber am Ende wieder nach Hause zurück und teilt seinen Orgasmus mit der »Stammfrau«. Oder die beiden Frauen liefern sich ein Scheingefecht, indem sie mit immer einfallsreicheren Liebesspielen um die Zuwendung des Mannes kämpfen. Genausogut ist es möglich, daß sich die zwei Frauen zusammentun und erst in einem Finale wieder alle Beteiligten als Trio zueinander finden.

Ein Großteil der Faszination der »Menage a trois« ist mit der bisexuellen Veranlagung des Menschen zu erklären. Jede Frau trägt Anteile des männlichen Geschlechtes und jeder Mann weibliche Anteile in sich. Diese andersgeschlechtlichen Elemente werden in der üblichen Sexbeziehung zwischen Mann und Frau nur selten verwirklicht. Über den Dritten im Liebesspiel kann jeder auch das andere sein. Aber während bei Frauen die Bisexualität meist als pikante erotische Draufgabe empfunden wird, erregen Männer mit homosexuellen Impulsen eher Abneigung. Der »Dreierzügel«, an dem zwei Männer und eine Frau beteiligt sind, ermöglicht es »normalen« Männern, die niemals Sex mit einem Mann haben würden, ihre homosexuellen Impulse auszuleben: Die erotische Beteiligung der Frau erlaubt es ihnen, die Angst machende homosexuelle Komponente weiterhin zu leugnen und dennoch auszuleben.

Außerdem bietet das Trio »Zwei Männer und eine Frau« das Vergnügen, sich mit einem Mann zu messen und ihn im Kampf um eine Frau auszustechen. Mit diesem Szenario wird das erste Liebesdreieck des Lebens wiederbelebt, bei dem es keinen Sieg geben darf – in dem frühen Dreieck zwischen Vater, Mutter und Sohn. Damals konnte das erste Liebesobjekt nicht erobert werden. Daß das in der erwachsenen Dreierbeziehung gelingt, beschert vielen Männern ein triumphierendes Glück.

Kein Wunder, daß ein flotter Dreier angesichts dieses emotionalen Zündstoffes oft als vergnügliches Spiel beginnt und als Drama endet: Kränkungen der Eitelkeit, Probleme der Geschlechtsidentität und Besitzansprüche machen die Liebe zu dritt zu einem Akt ohne Netz. Nicht die Verstrickungen der Glieder, sondern die der Gefühle bringt so manchen Beteiligten seelisch zu Fall ...

TIP 22

Jenseits der Verführung

Es lohnt sich, die freiwillige erotische Selbstkontrolle auch einmal aufzugeben ...

Manchmal zweifle ich daran, ob Frauen mit den Freiheiten, die sie sich erkämpften, überhaupt etwas anfangen können. Die meisten Frauen können sagen, wo und wie sie berührt werden wollen. Sie haben auch gelernt, eindeutige Absichten auszudrücken oder Nein zu sagen, wenn sie keine Lust spüren. Aber diese Fortschritte hinsichtlich des Vollzuges des Liebesaktes sind mir in ihrer Beflissenheit ein bisserl unheimlich: Wo bleibt die Spontaneität?
Wenn Männer erregt sind, fällt es ihnen leicht, die Gleise des Gewohnten zu verlassen. Frauen tendieren immer noch dazu, mit Ritualen – erst Duschen, dann das Schlafzimmer abdunkeln, dann ein Vorspiel – das Ungeordnete und Wilde der Sexualität zu zähmen. Die vertrauten Spielregeln der Lust nehmen einer Frau die Scheu vor dem Triebhaften und Tierischen der Sexualität: Ich werde geliebt und ich liebe. Also ist mein Verlangen legitim. Trotzdem steckt auch in Frauen der Wunsch nach spontanem Sex, bei dem sich Liebende über alle formalen Bedingungen hinwegsetzen.

»Haut verlangt nach Haut, Atem nach Atem«

Was überhaupt unter Spontansex zu verstehen ist, wollen Sie wissen? Ganz einfach – da wird nicht verhandelt und nicht verführt. Es wird nichts erkämpft und nichts versprochen. Man fürchtet nicht, sein Image zu verlieren, und denkt nicht daran zu gefallen. Nur die Sinne sprechen. Haut verlangt nach Haut, Atem nach Atem. Das gemeinsame Verlangen stellt eine Nähe her, die alle Regeln und Konventionen außer Kraft setzt. Wer einmal so ein elementares Aufeinanderprallen erlebt hat, weiß den Spontansex zu schätzen. Wenn weder die klassischen Rituale der Verführung, noch die beschwichtigenden Beteuerungen der Liebe die Wucht des Sex mildern, begegnet man einander ohne Maske. Diese authentische erotische Erfahrung enthüllt zwei Menschen einander in ihrer Wirklichkeit. So etwas vergißt man auch nicht, wenn man schon 80 ist.

Männer, die vom Schmusen und Streicheln nichts halten, und solche, die eine Ejakulation mit einem Orgasmus verwechseln, behaupten gerne, es handle sich um Spontansex. Einspruch! Diese Masturbation zu zweit hat genausowenig mit spontanem Sex zu tun wie die schnelle Nummer, die so mancher Frau gelegen kommt. Je lästiger sie Sex findet, desto glücklicher ist sie, wenn er schnell überstanden ist. Den größten Gefallen erweist Man(n) ihr wahrscheinlich mit einem vorzeitigen Samenerguß.

Vergessen Sie alle diese Karikaturen einer leidenschaftlichen Begegnung! Aber wenn Ihnen die Liebesgötter einmal wohlwollend gesinnt sind, zögern Sie nicht, das spontane Glück zu genießen. Probieren Sie's! Kosten Sie's! Tun Sie's! Ob im Auto oder im Garten – egal, wo Sie sind, egal, was Sie gerade tun, geben Sie Ihren Gefühlen nach. Sobald Sie das vielsagende Aufblitzen in den Augen Ihrer/s Partnerin/Partners sehen, brauchen Sie nicht erst freundliche Reden zu halten und umständlich das Schlafzimmer anzusteuern. Kommen Sie zur Sache. Zwei Minuten Sex können manchmal mehr Hitze, Leidenschaft und Befriedigung ermöglichen als ein ausgedehntes, aber halbherziges erotisches Szenario ...

TIP 23

Sehnsucht nach dem starken Mann

Warum Frauen immer nur die besten Männer wollen ...

Der amerikanische Wissenschaftler Donald Symons kam nach jahrelangen Forschungsarbeiten mit Frauen und Männern zu einem bemerkenswerten Schluß: Die Frau der Gegenwart folgt bei der Partnerwahl nach wie vor einem Verhaltensmuster der grauen Vorzeit, indem sie nach einem »starken Mann« Ausschau hält. Die meisten Frauen können durchaus für sich selbst sorgen, viele verdienen mehr als die Männer. Der Staat übernimmt weitgehend Schutz und Sicherheit, und es gibt weder wilde Tiere noch Naturereignisse, vor denen eine Frau von einem Mann beschützt werden muß. Trotzdem: Unbewußt wollen Frauen nach wie vor nur einen Mann, der Schutz und Sicherheit bieten kann. Durch diesen unbewußten Filter betrachtet, kommen nur rund 10 % der Männer als Partner in Frage. Abgesehen von manchen knappen Jahrgängen gibt es also nicht zu wenige, sondern zu wenig taugliche »gute« Männer.
Obwohl es angeblich um Liebe und um nichts anderes geht, hat der erfolglose, unauffällige »kleine Mann« wenig Chancen – dabei könnte er vielleicht jede Menge Liebe schenken! Aber daß Ehen nicht unbedingt aus Liebe, sondern aus Sehnsucht nach Sicherheit und Geborgenheit geschlossen werden, beweist eine Untersuchung unter 600 Ehepaaren. Die Frage »Lieben Sie Ihren Ehegatten?« beantworteten nur 11 % mit einem uneingeschränkten »Ja«.

»Der ›kleine Mann‹ wäre vielleicht der bessere Partner«

Damit wir uns nicht mißverstehen: Ich unterstelle keiner Frau, daß sie ihre Partnerwahl aus Berechnung trifft. Sie glaubt wirklich, daß der Mann, der Macht und Erfolg signalisiert, auch der richtige ist.

Das ist übrigens einer der Hauptgründe, warum sich die Männer so abstrampeln, warum sie leistungsorientiert sind und warum sie protzen – sie wollen von den Frauen als potentielle Partner wahrgenommen werden. Im Grunde handelt der Mann, der sich zu Tode rackert, oder derjenige, der sich auf Pump einen Porsche kauft, wie sein Vorfahre, der sich mit den Zähnen des erlegten Wildes schmückte: Er will signalisieren, daß er stark ist. Aber heute geht es um mehr als ums blanke Überleben. Archaische Reaktionsmuster sind daher keine Garantie für Glück. Nachdem die instinktive Entscheidung für einen vermeintlich starken – also erfolgreichen – Mann gefallen ist, melden sich die anderen Bedürfnisse zu Wort. Plötzlich vermißt die Frau an der Seite eines solchen Mannes Zärtlichkeit oder die Fähigkeit zu innigen, zwischenmenschlichen Kontakten. Aus ist der Traum vom starken Mann. Bleibt nur zu hoffen, daß solche Enttäuschungen den weiblichen Blickwinkel für die unzähligen »kleinen Männer« erweitern, die vielleicht die besseren Partner wären.

Im übrigen ergeht es den Männern nicht anders als uns Frauen. Auch sie folgen den unbewußten Gesetzen der Arterhaltung, wenn sie für einen prallen Busen und einen runden Hintern Kopf und Kragen riskieren. Eine schöne Frau sichert eben eher die zur Fortpflanzung notwendige Erektion als eine unattraktive. Das ist die simple Erklärung dafür, warum es interessante, aber unscheinbare Frauen bei Männern schwer haben. Wie aktuell diese männliche Verhaltensweise ist, las ich kürzlich auf einem Autoaufkleber: »Frauen, seid lieber schön als klug! Männer können besser gucken als denken ...«

TIP 24

Liebe mit Big Mama

Immer mehr Männer sehnen sich nach mütterlicher Erotik ...

Welche Frauen üben auf einen Mann sexuelle Faszination aus? Da fallen Ihnen gleich mehrere Typen ein: Zum Beispiel die herausfordernde Vamp-Frau, die den Mut hat, einen Mann zu fragen: »Haben Sie in Ihrer Hosentasche einen Haustorschlüssel oder freuen Sie sich so, mich zu sehen?« Ein anderer Fall ist das kleine Nymphchen, das in der Grauzone zwischen Kind und Frau gestandene Mannsbilder um den Verstand bringt. Es gibt auch noch die sinnliche Sexbombe, die den gebenedeiten trotzigen Zug von BB um die Lippen und Marilyn Monroes Hüftschwung draufhat. Daß die kühle Blonde Männer heiß machen kann, ist eine Binsenweisheit. Aber wußten Sie, daß auch die Verführung durch Bemutterung keine Seltenheit ist?
Der hohen Kunst der Mütterlichkeit erliegen mehr und mehr Männer. Als Ursachen dafür erscheint mir die mutterzentrierte Entwicklung naheliegend, die die Männer von heute prägt. Väter sind meist nur abends und sonntags greifbar, die tägliche Kommunikation zwischen Vater und Kind beschränkt sich auf lächerliche 37,2 Sekunden. Da jede dritte Ehe geschieden wird, sind von der frauenlastigen Erziehung vor allem die Söhne betroffen: Wenn der Vater in den entscheidenden Lebensphasen nicht da ist, hat der Sohn oft keine Möglichkeit, sich mit dem Männlichen zu identifizieren. Als »Mutter-Sohn« bleibt er ein strampelndes Riesenbaby, das lebenslang nach mütterlicher Fürsorge hungert. Er genießt es, wie ein Baby gebadet und getrocknet zu werden. Wenn er etwas leistet, erwartet er sich außer Bewunderung mütterliche Besorgnis: »Geht es dir gut? Bist du nicht zu erschöpft?« Versagt er irgendwo, kann er keine Schuld zugeben, sondern will wie ein großes Kind getröstet werden.

»Willig läßt er seine erogenen Zonen mütterlich umsorgen«

Auch wenn es um Sex geht, versinkt so ein Typ in einen kindlichen, passiven Zustand. Er will, daß sich »Big Mama« zärtlich mit seinem »kleinen Mann« beschäftigt und ihn mit Aufmerksamkeit überschüttet. Willig läßt er sich betten und wiegen und seine erogenen Zonen mütterlich umsorgen. Selbst die Erektion, die sich unter der liebevollen Zuwendung der Mutter-Geliebten einstellt, wirkt nicht wie ein Attribut der Männlichkeit, sondern wie ein Hinweis auf seine kindliche Hilfsbedürftigkeit.

Haben Sie vielleicht gar schon einen Mutter-Sohn an die Brust genommen? Dann sollten Sie darauf gefaßt sein, daß Sie nicht die einzige sind, von der er erotisch versorgt werden und sich seine wackelige männliche Identität bestätigen lassen will: Sein Hunger nach mütterlicher Erotik ist unersättlich. Aber vielleicht ist Ihre Befürsorgungssucht so groß, daß Sie seine Untreue als kleine Unart Ihres Lieblings hinnehmen. Wenn das nicht mehr gelingt, reihen Sie ihn eines Tages in die Schar Ihrer realen und gewünschten Kinder ein und lassen den Sex entweder gar nicht mehr oder nur mehr mit mütterlicher Nachsicht über sich ergehen. Eine andere Möglichkeit wäre, daß Sie irgendwann einmal von dem sprichwörtlichen »Kind im Mann« die Nase voll haben und es verstoßen. Sein Schmerzensgeheul wird furchtbar sein. Aber keine Sorge: Es wird nicht lange dauern, und er ist wieder schutzsuchend unter den Rock einer anderen Leihmutter gekrochen ...

TIP 25

Das sexuelle ABC

In bezug auf unsere Sexualität sollten wir Kinder bleiben oder werden ...

Wie viele Seiten wurden schon mit Beschreibungen von der Sexualität gefüllt! Was hat es gebracht? Ein bißchen was bestimmt. Aber nicht so viel wie erwartet. Die Basis für lustvollen Sex steckt nämlich vor allem in uns selbst. Das sexuelle Wesen, das Sie als Erwachsener sein wollen, waren Sie schon einmal: als Kind.
Ich mache mich vielleicht nicht sympathisch, wenn ich die Wiege der Sexualität mit der Wiege der Kindheit gleichsetze. Aber es ist so: Das Erleben des Babys ist ganz und gar auf Lustgewinn ausgerichtet. Säuglinge saugen lustvoll und gierig an allem, was sie erreichen können. Dieselben lustspezifischen Hirnstrommuster sind bei Erwachsenen während des Küssens nachweisbar. Und haben Sie schon einmal bewußt das genüßliche Brabbeln, Seufzen, Grummeln und Schmatzen gehört, das ein Baby beim Nuckeln von sich gibt und damit signalisiert: »Ich bin rundum glücklich.« Diese Urlaute der Lust verdoppeln nicht nur den sexuellen Genuß des Erwachsenen, sie sind auch Musik in den Ohren des Liebespartners.
Was gehört noch zum sexuellen ABC? Die Aneignung des eigenen Körpers. Kleinkinder finden mit schlafwandlerischer Sicherheit zu ihrer lustspendenden Körpermitte. Meist heißt es dann »Hände weg«, und schon ist die Chance verspielt, Stellen zu entdecken, die bei sich selbst und später bei einem Partner Genuß spenden. Im reifen Leben hat die »Liebe an und für sich« denselben wichtigen Stellenwert: Sie ist eine Möglichkeit selbstbestimmter Sexualität. Und sie bietet die Chance, einen Partner nicht mit dem Wunsch »du mußt mich glücklich machen, aber ich weiß nicht wie« zu überfordern.
Ein wichtiger Baustein befriedigender Sexualität ist auch die Ge-

fühlswahrnehmung. Auch hier könnten Sie Ihr bester Lehrmeister sein: Denken Sie nur daran, wie deutlich Sie als Kind Traurigkeit, Wut, Freude oder ganz bestimmte Bedürfnisse erlebten! Und was ist heute? Spüren Sie Ihre Gefühle noch? Können Sie ihnen noch Ausdruck geben? Wenn man Ihnen beibrachte, »nicht auf Gefühle zu hören«, haben Sie vielleicht keinen Zugang mehr dazu.
Körperwahrnehmungen gehören ebenso zu unserem ursprünglichen sexuellen Rüstzeug. Erinnern Sie sich daran, wie lustvoll Sie als Kind das Drücken, Streicheln, Kosen, Knuddeln, Balgen und Kitzeln erlebten! Diesen ersten sexuellen Empfindungen und Entdeckungen brauchen Sie nicht viel hinzuzufügen. Sie sind diesbezüglich Kind geblieben: Alle »berührenden« Hauterfahrungen sind die Spielwiese der reifen Erotik. »Halt mich«, »Drück mich«, »Streichle mich«, so klingen die Appelle der Kinder und der Liebenden.

»Sie sind Ihr bester Lehrmeister!«

Ein anderer Schwerpunkt der sexuellen Grundausstattung, über die als Kind jeder verfügte, ist die Freude am eigenen Körper. Kleinkinder entzücken sich in aller Unbefangenheit an ihrem Körper und ihrem Geschlecht und zeigen sich voller Stolz. Jammerschade, wenn Ihnen das zu scharf und demütigend verboten wurde! Als Erwachsener haben Sie dann womöglich ein gebrochenes Verhältnis zu Ihrem Körper und in der Folge auch zum Sex.
Sehen Sie, darum genügt die Theorie alleine nicht, um wieder in den Schatz des schon einmal vertrauten sexuellen ABC's zu gelangen: Sie müssen »nachlernen« und anerzogene Hemmungen verlernen ...

TIP 26

Die Brücke zum Genuß

Langwierige, ausgebuffte Sextechniken sind für Frauen nicht so wichtig wie eine liebevolle Atmosphäre ...

Was haben Sie nicht schon alles über das Vorspiel gehört! Da ist einmal die Geschichte mit der unterschiedlichen Lustkurve von Mann und Frau: Das Vorspiel soll die langsamer reagierende Frau soweit bringen, daß sich ihre flachere Erregungskurve an die steilere des Mannes angleicht. Pflichtschuldigst wurde hier geknubbelt und da gemanscht, auf daß die Frau ebenso juchze wie der Mann.
Dann erfuhren Sie, daß jegliche Versuche, Lust zu »produzieren«, dem Ideal spontaner sexueller Lust entgegenstehen. Außerdem sei die Sache mit der längeren Anlaufzeit der Frau sowieso reine Erfindung. Schließlich brauchen viele Frauen bei der Selbstbefriedigung nur unwesentlich länger als Männer, um zum Höhepunkt zu kommen. Also keine Ouvertüre, sondern lustig drauflosgebumst.
Die Wahrheit liegt wie immer in der Mitte. Tatsache ist, daß Frauen sexuell nicht so prompt »anspringen« wie Männer. Aber da sich Männer oft nicht an weibliche Bedürfnisse anpassen, ist das kein Wunder. Küsse finden sie läppisch, zärtliche Worte kindisch. Busenmanschen ist o. k., weil das selbst auch gut tut. Frauen stellen sich meist voll und ganz auf die sexuellen Wünsche des Partners ein: Er mag einleitende feste Berührungen? Aber bitte! Es gefällt ihm, vulgäre Worte zu sagen? Nur zu! Unter maßgeschneiderten Bedingungen kommt es natürlich rucki, zucki zum Zieleinlauf.
Eine andere Ursache für eine langsamere erotische Reaktion der Frau ist das Fehlen einer Übergangsphase. Für eine Frau ist das Zuhause gleichzeitig auch der Arbeitsplatz. Egal, ob sie zusätzlich noch berufstätig ist oder nicht – das häusliche Milieu erinnert sie

ständig daran, was alles noch erledigt werden muß. Ich möchte den Mann sehen, von dem die langjährige Gesponsin erwartet, daß er an seinem Arbeitsplatz sexuelle Gefühle für sie entwickelt! Eine weitere Erklärung für eine lange Anlaufzeit: Zur Erledigung von Familien- und Hausarbeit muß die linke Gehirnhälfte aktiviert werden. Lust auf Sex entsteht aber durch die Aktivierung der rechten Gehirnhälfte, in der die Eindrücke der Sinne verarbeitet werden.

»Drei Minuten mechanisches Betatschen sind keine Brücke zur Lust«

Wie kann man die Funktion der einen Gehirnhälfte aus- und die der anderen einschalten? Mit einer Übergangsphase, in der sich Gedanken an die Bügelwäsche oder die schlechten Noten der Kinder verflüchtigen und erotische Vorstellungen zustande kommen können. Das pflichtschuldige Fummeln und Reiben, unter dem viele ein »Vorspiel« verstehen, ist da nicht ausreichend. Abgesehen von einem spontanen Quickie, den beide Partner sofort und ohne Umwege wollen, können drei Minuten mechanisches Betatschen keine Brücke zur Lust sein. Ein erotisches Gespräch, ein gemeinsames Bad oder ein kleines Tänzchen, bei dem der Alltag buchstäblich abgeschüttelt wird – alle diese Übergangsrituale machen soviel Appetit auf Sex, daß dann das Vorspiel ruhig kurz ausfallen darf.

Gegenseitige, liebevolle Zuwendung vorausgesetzt, gilt als Faustregel: Ein Vorspiel, das in etwa so lange dauert, wie eine Frau braucht, um bei der Selbstbefriedigung zum Orgasmus zu kommen, ist durchaus ausreichend. Dagegen bewegt auch ein langes Vorspiel eine Frau nicht zu einer schnelleren sexuellen Reaktion, wenn sie die Zeit vorher keine Zuneigung spürte ...

TIP 27

So entlarven Sie einen Seitenspringer

Riskieren Sie nicht, daß aus einer harmlosen Affäre ein Beziehungsdrama wird ...

Die Zeiten, in denen erfahrene, alte Menschen für jede Liebeskrise eine wertvolle Lebensweisheit parat hatten, sind vorbei. In einer Epoche des Wertewandels will die ältere Generation der jüngeren nichts mehr weitergeben. Trotzdem ist mir ein Rat in Erinnerung, den mir als 24jährige eine damals 80jährige Dame gab: »Überrasche nie einen Mann, sonst bist du selbst überrascht.«
Ich halte mich noch heute daran. Aber wenn sich im Bauch schon länger ein flaues Gefühl bemerkbar macht, gilt ein anderer weiser Spruch: »Vertrauen ist gut, Kontrolle ist besser!« Ein Ausrutscher kann zu einer Gefahr für die bestehende Partnerschaft werden, wenn Sie die Zeichen der Untreue zu lange übersehen. Also: Augen auf und fertigmachen zur Krisenbewältigung, wenn Ihr Herzblatt beim Sex und im Alltag folgende Verhaltensweisen zeigt:

Verräterische Indizien beim Sex

– Er geht Sex aus dem Weg (weil er im Grunde gar nicht geeignet ist für ein harmloses Pantscherl). – Er steigert kurzfristig die sexuelle Frequenz und fällt dann in Agonie. – Er praktiziert andere/neue sexuelle Techniken. – Er hat vorzeitigen Samenerguß (weil er den Sex schnell hinter sich bringen will oder Ihnen gegenüber verdrängte Aggressionen hat). – Er braucht besonders lange, um zum Höhepunkt zu kommen (weil Sie ihn im Augenblick weniger erregen als seine neue Gespielin). – Er hat Erektionsprobleme (weil ihn das schlechte Gewissen niederdrückt). – Er bevorzugt entgegen bisheriger Gewohnheiten den Verkehr von hinten (um Augenkontakt zu vermeiden). – Er agiert beim Sex sachlicher und mit weniger Zärtlichkeit als gewöhnlich (weil er seine Gefühle spaltet – Ihnen gegenüber erledigt er nur seine Pflicht). – Er läßt nur noch oralen Sex bei sich zu (weil er im Moment nehmen, aber nichts geben kann). – Er will es plötzlich nicht mehr bei Licht (weil er besser an die andere denken kann).

Verräterische Indizien im Alltag

– Er ist geistig abwesend. – Er fragt, warum Sie nicht ein bestimmtes modisches oder kosmetisches Produkt verwenden. – Er gibt auffallend detailliert oder zurückhaltend Auskunft über die Zeit, die er nicht mit Ihnen verbringt. – Er reagiert ohne Anlaß aggressiv. – Er ist liebevoller und freundlicher als gewöhnlich. – Er interessiert sich für neue Dinge und Themen. – Er hat Schlafstörungen. – Er telefoniert in Ihrer Anwesenheit anders (leise, heimlich oder mit häufigen Fehlverbindungen). – Der Sitzgurt des Beifahrersitzes ist auf eine andere Weite eingestellt. – Er riecht anders, wenn er später/früher nach Hause kommt. – Er ermutigt Sie zu Aktivitäten, an denen er nicht beteiligt ist. – Er vergewissert sich oft und genau, wann Sie wo sind und wann Sie wiederkommen.

Übrigens: Mit der Indizienliste will ich die untreuen Hallodris unter den Männern nicht ans Messer liefern. Aber wenn eine Frau nicht in Erfahrung bringt, was den Schlawiner vom heimischen Herd vertrieb, kann sie auch nichts verändern. Die Zeit arbeitet dann für die neue Beziehung, und eine Trennung ist unvermeidlich. Gerade das will der beste aller Ehemänner nun wieder auch nicht ...

TIP 28

Wenn Männer im Bett bluffen

Immer mehr Männer täuschen beim Sex ihre Partnerinnen ...

Unlängst gelangte mir folgende Geschichte zu Ohren: Vinzenz, ein gut aussehender Mann Ende 30, verliebt sich in Betty, eine hübsche Blondine. Vinzenz gefällt Betty schon lange. Nach einem gemütlichen Abendessen lädt sie Vinzenz ein, bei ihr noch einen Kaffee zu trinken. Natürlich rechnet Betty damit, daß »es« passieren wird. Alles ist liebevoll vorbereitet. Das Bett taufrisch überzogen, ein Fläschchen Sekt eingekühlt. Betty ist bereit. Vinzenz nicht. So sehr sich Betty auch bemüht, Vinzenz' Liebesorgan duckt sich wie ein geschlagener Boxer in den Ringen.
Wie reagierte Vinzenz? Überrascht. Er fragte Betty nicht gerade »Passiert dir das öfter?«, aber sein demonstratives Erstaunen verunsicherte Betty. Sie erzählte ihren Freundinnen von ihrem Erlebnis mit Vinzenz. »Bei mir konnte er auch nicht«, sagte Agnes, durch die Betty Vinzenz kennengelernt hatte. »Ich war vor Jahren mit ihm zusammen«, gestand Renate. »Da war er auch schon impotent.«
Sie glauben, daß die Geschichte von Vinzenz ein Ausnahmefall ist? Irrtum. Viele Männer tun höchst erstaunt, wenn sie im Bett nicht ihren Mann stellen – obwohl sie mit ihrer Potenz schon Probleme haben, seit sie sexuell aktiv sind. Erst kürzlich hörte ich von einem jungen Mann, der seine Erektion verlor, kaum daß er nackt war. Trotzdem simulierte er allen Ernstes einen Geschlechtsakt.

»Früher mußten Männer nicht bluffen: Ihre Sexualität war stabiler«

»Er machte dieselben Bewegungen und stöhnte und seufzte«, erzählte seine Partnerin, »aber das alles mit einem schlaffen, kleinen Würmchen.« Die Arme war völlig verdattert und wußte nicht, wie sie auf das seltsame Liebesspiel reagieren sollte. Mangels diesbezüglicher Erfahrungen entschloß sie sich, gar nicht zu reagieren. Damit bestätigte sie den unrühmlichen Lover in seinem Verhalten. Bei seinem nächsten Abenteuer wird er vermutlich dasselbe tun.

Ein anderer Fall: Georg ist alles andere als ein Temperamentbolzen. Trotzdem tut er so, als bekäme er nie genug. Wenn seine Erektion ausreicht, läßt er sich sogar auf einen zweiten Akt ein und täuscht einen Höhepunkt vor.

Bis jetzt war immer nur davon die Rede, daß Frauen im Bett Theater spielen. Immerhin, jede fünfte tut es. Aber mehr und mehr kommen auch die Mogeleien der Männer zur Sprache: Die amerikanische Sexologin Lonnie Barbach befragte 120 Männer, von denen ihr jeder achte gestand, ab und zu den Orgasmus vorzutäuschen. Früher mußten die Männer nicht bluffen, weil ihre männliche Identität und damit ihre Sexualität stabiler waren. Als Kinsey in den vierziger Jahren seine berühmten Studien begann, konnte er noch behaupten, Impotenz gäbe es nur »in vereinzelten Fällen«. Tatsächlich gaben nur 1,3 % der 35jährigen Männer und 2,6 % der 45jährigen Potenzstörungen an. Unsere »Österreichintim« Studie zeigte, daß heute 32,3 % der 30jährigen und 38,6 % der 40jährigen unter Potenzstörungen leiden! Natürlich gerät so ein armer Tropf durch selbstbewußte, informierte Frauen unter Zugzwang. Empfehlenswert ist eine Sexshow trotzdem nicht. Man(n) gewinnt damit weder Macht über die Partnerin und schon gar nicht Selbstvertrauen. Das Schlimmste aber ist, daß der männliche Bluff im Bett dieselbe Misere auslöst wie bei den Frauen: Die Chance auf eine positive Veränderung wird verspielt.

TIP 29

Das Pygmalion-Syndrom

Das Bemühen, einen Partner entscheidend zu verändern, endet meistens als Flop ...

Erinnern Sie sich noch an den griechischen Mythos »Pygmalion«? Dem Bildhauer Pygmalion war keine Frau recht. Also schuf er sich die ideale Frau selbst – als Statue. Aber das steinerne Kunstwerk reagierte nicht auf Pygmalions sehnsüchtige Umarmungen und Küsse. Erst die Göttin Aphrodite hauchte der perfekten Statue Leben ein. Im realen Leben hat der Wunsch, sich sein Ideal selbst zu schaffen, meist kein Happy-End.
»Ich werde sie schon noch soweit bekommen«, sagte sich Thomas, als er Susanne kennenlernte. »Sie wird beim Sex schon aus sich herausgehen.« Inzwischen sind vier Jahre vergangen, aber Thomas' Bemühungen brachten nur Verbitterung auf beiden Seiten. Susanne fühlt sich verletzt, weil ihr Thomas dauernd vorhält, daß sie im Bett eine Niete ist. Thomas ist frustriert, weil er sich in seinen sexuellen Strebungen nicht akzeptiert fühlt.

»Verändern kann man immer nur sich selbst«

Ähnlich ergeht es Rosa und Franz: Als Rosa auf eine Ehe drängte, machte Franz sie darauf aufmerksam, daß er bestimmte Freiheiten nie aufgeben werde. »Wir werden sehen«, meinte Rosa. Im stillen war sie überzeugt davon, daß sie ihn schon zu der Häuslichkeit, die ihr soviel bedeutet, erziehen werde. Heute, sechs Jahre später, gibt es zwischen Rosa und Franz nahezu täglich Streit. Rosa will gemütlich zu Hause fernsehen, Franz mit seinen Freunden herumziehen. Sie will zum Wochenende die Familie einladen, er Samstagnacht durchfeiern und Sonntag schlafen. Rosa fühlt sich vernachlässigt und veranstaltet Heulszenen. Franz leidet unter

Rosas Einengung und flüchtet noch mehr zu seinen Freunden. Thomas und Rosa fühlen sich dazu berechtigt, ihre Unzufriedenheit zu zeigen und zu meckern. Tatsächlich müßten sie sich selbst Unrecht vorwerfen: Einen anderen mit Gewalt nach den eigenen Bedürfnissen formen zu wollen und ihm eine Persönlichkeitsstruktur vorzuwerfen, über die man nicht getäuscht wurde, ist unfair. Natürlich müssen zwei, die sich zusammentun, Anpassungsarbeit leisten und Rücksicht nehmen. Wirklich verändern kann man aber immer nur sich selbst. Wenn Sie eigene Bedürfnisse und Haltungen ändern, wird sich allerdings auch die Beziehungsqualität ändern. Wesentlich ist die Frage, ob der andere ebenfalls den Wunsch nach einer Änderung hat. Hat er ihn nicht, Finger weg! Ein Beziehungskrampf und -kampf ist vorprogrammiert. Strebt der Partner eine Änderung an, sollten Sie die Bereitschaft haben, schon kleinste Bemühungen anzuerkennen. Wenn Sie nach wie vor nur das sehen, was unverändert ist, fühlt sich der Gespons in seinen Anstrengungen nicht anerkannt. Er ist verbittert und gibt auf, Sie sind enttäuscht.

Noch etwas muß gesagt sein: Veränderungen erfordern soviel Motivation und Kraft, daß sie eigentlich nur zu Beginn einer Liebe möglich sind oder wenn die Gefahr besteht, daß man eine Liebe verliert. Was in diesen Phasen nicht erreicht wird, wird nie mehr erreicht. Denken Sie daran, falls Sie sich schon jahrelang bemühen, Ihre/n Liebste/n »hinzukriegen«. Und überlegen Sie allen Ernstes, ob Sie Ihre Energien überhaupt am richtigen Platz investieren. Wenn Sie einen Mantel kaufen und Kragen, Rückenschlitz, Länge und Ärmel beanstanden, wird Sie der Verkäufer auch fragen, ob Sie nicht einen ganz anderen Mantel wollten ...

TIP 30

Sex ist göttlich

Sektiererei ist gefährlich. Aber so manches tantrische Ritual kann die Lust steigern ...

Was sagt Ihnen das Wort »Tantra«? Denken Sie vielleicht an eine neue Jugendsendung? Irrtum. Tantra ist der älteste indische Kult der Ekstase. In den tantrischen Texten wird die Verschmelzung zweier Liebender als göttlicher, schöpferischer Akt beschrieben. Warum nicht? Sex ist zur Spannungsabfuhr zu schade. Dazu ist Sport besser geeignet.
Aus der sexuellen Begegnung können Lebensfreude, Kraft und innerer Frieden geschöpft werden. Vielleicht gäbe es viele Partnerschafts- und Sexprobleme nicht, würde man Jugendliche in der Schule nicht nur mit Handarbeiten und Werken, sondern auch mit einigen Tantra-Praktiken bekannt machen. Immerhin enthalten die Therapien sexueller Störungen viele tantrische Elemente. Mit dem »Sensualitätstraining« lernen z.B. Frauen, die Schwierigkeiten mit dem Genießen sexueller Reize haben, das lustvolle Beschäftigen mit dem eigenen Körper und die Entfaltung erotisierender Gefühle. Die betreffende Frau betrachtet sich im Spiegel, spricht mit ihren Körperteilen – vor allem mit jenen, die sie gar nicht so besonders mag – und sie versucht festzustellen, welche Körperstellen auf welche Berührungen wie reagieren. Auch das »Wahrnehmungs-Tantra« lehrt die Selbstliebe! Die alten Inder erkannten schon vor Jahrtausenden, daß nur durch einen Körper, den man selbst akzeptiert und liebt, Energie und lustvolle Empfindungen strömen können.
Eine andere wichtige sexualtherapeutische Maßnahme sind sogenannte »Streichelübungen«. Dabei lernen Liebende, sich vertrauensvoll dem Partner hinzugeben, etwas geschehen zu lassen und mit dem, was geschieht, mitzuströmen. Eine raffinierte Erfindung

der modernen Sexualtherapie? Wirklich nicht. Auch diese Übung findet sich im Tantra: »Dhyana« ist ein Meditationsritual, mit der die sensitive Wahrnehmung, die Hingabefähigkeit, die Aufgabe der Selbstkontrolle und Entkrampfung geschult werden.

»Tantrische Empfehlungen werden auch von der Sexualtherapie geschätzt«

Die amerikanische Sexualtherapeutin Helen Singer-Kaplan empfiehlt Frauen mit Konzentrationsstörungen das Lesen erotischer Literatur als »Ablenkung von der Ablenkung«. Wer sich auf sexuelle Darstellungen konzentriert, kann nicht gleichzeitig an die große Wäsche denken. Ein guter Trick, ohne Zweifel. Aber auch schon im Tantra steht geschrieben, daß das Liebesspiel mit dem Betrachten illustrierter Liebeshandbücher begonnen werden sollte. Weitere tantrische Empfehlungen, die von der modernen Sexualtherapie geschätzt werden: Nützen Sie, wie die Anhänger der Tantra-Lehre, den Zustand zwischen Wachen und Schlafen (oder umgekehrt) zu erotischen Aktivitäten. In dieser Schwebephase kann die Erfahrung des Sich-Gehenlassens besonders leicht gemacht werden. Auch das heute häufig praktizierte Training des Liebesmuskels war den alten Indern bereits ebenso vertraut wie das tiefe, rhythmische Atmen, das die Ausbreitung sexueller Empfindungen begünstigt.
Sogar der Frauenbewegung kam das Tantra zuvor: Die tantrische Lehre sieht für die Frauen bei der sexuellen Begegnung nicht nur eine aktive, selbstbestimmende Haltung vor. Sie sagt auch, daß eine Frau, die in ihren eigenen Augen eine Göttin ist, es auch für die anderen ist ...

TIP 31

Not am Mann

In der Liebesfront kommen die Männer durch die Frauen reihenweise zu Fall ...

Arme Männer. Anstatt Boden unter den Füßen zu gewinnen, bekommen sie mehr und mehr Probleme mit uns Frauen. Alte Regeln gelten nicht mehr, neue muß sich jedes Paar erst aushandeln. In diesem Prozeß sind die Frauen die Agierenden. Sie stellen die traditionellen Rechte des Mannes in Frage und stutzen seine Privilegien.
Mag die Haltung der Frauen noch so berechtigt sein – der Potenz und dem männlichen Selbstwertgefühl tut sie nicht gut.
»Seit Nora Selbstbehauptungstraining und Selbstfindungsseminare macht, ist unsere Beziehung im Eimer«, sagt der 39jährige Stefan. Stefan ist durch Noras neue Selbständigkeit und durch ihre Forderung nach mehr Gesprächen verunsichert. Die Ängste, die Nora in ihm auslöst, drücken sich in einer Sexualstörung aus: Stefan erreicht beim Sex keinen Höhepunkt. Er gelangt deshalb nicht zum Orgasmus, weil er versucht, unbewußt seine Unsicherheit durch eine nie versiegende Potenz auszugleichen.

»Die zunehmend abnehmende Bekleidung der Männer ist augenfällig«

Das sexuelle Wissen, das die Frauen von heute haben, verstärkt das Konfliktpotential zusätzlich. In den fünfziger Jahren konnte uns Kinsey noch eine ein- bis zweiminütige Dauer des Liebesaktes mit der »biologischen Überlegenheit« des Mannes schönreden. Heute erwarten wir uns angemessenes Durchhaltevermögen. Auch optisch steht der Mann von heute am Prüfstand. Er darf zwar von seiner Partnerin einen schönen, erotischen Körper verlangen, aber, bitte schön, diese Qualitäten muß er ebenfalls bringen. Während sich die Frau vom unkritischen Lustobjekt zur kritischen Partnerin wandelte, wurde der Mann selbst zum Lustobjekt. Nichts ist so augenfällig wie die zunehmend abnehmende Bekleidung der Männer im Fernsehen, in der Werbung und im Film und die damit direkt proportional steigende Verunsicherung des Durchschnittsmannes. »Früher habe ich nie über meinen Hintern nachgedacht«, sagt Michael. »Seit ich weiß, daß die Frauen bei den *California Dream Men* ausflippen und Kevin Costner und Michael Douglas ihren Allerwertesten zeigen, frage ich mich, ob meiner o.k. ist.« In den Männern werden Gefühle geweckt, die bis dato nur uns Frauen vertraut waren: Unsicherheit und Angst in bezug auf die eigene Körperlichkeit.

Die Mehrzahl der Männer, deren Selbstwertgefühl angeknackst ist, versucht mit verstärkter Leistung ein reales oder vermeintliches Defizit an »Männlichkeit« aufzuwerten. Der verzweifelte Drang nach Kompensation treibt die armen Schlucker weit über ihre Leistungsgrenzen hinaus. Wenn dazu auch noch Probleme mit weiblichen Forderungen kommen, ist ein Zusammenbruch – zumindest der Liebeskraft – unvermeidlich. In den vierziger Jahren, als sich die Frauen noch ohne Aufmucken an männliche Erwartungen anpaßten, stellte Kinsey nur bei 1,3 % der Männer Impotenz fest. Unsere »Österreich-intim« Studie zeigte, daß 35,6 % der österreichischen Männer potenzgestört sind! Die stummen Botschaften der rebellischen Penisse verraten die verborgenen Ängste der Männer vor Frauen, die unterdrückten Aggressionen und verleugneten Selbstwertprobleme.

Trotzdem: Kopf hoch, Männer! Der armselig gekrümmte Wurm in der männlichen Mitte ist oft der Ariadnefaden, der einen Mann dazu aktiviert, den Weg aus dem Irrgarten eines verleugneten Beziehungskampfes zu finden ...

TIP 32

Wer will mich?

Zuschauen genügt nicht! Machen Sie mit bei dem neuen Kuppelspiel ...

Hätte ich die Kuppelpelze bekommen, die man sich dafür verdient, daß man zwei Leutchen zusammenbringt – mein Kasten wäre voll. Haben Sie schon mal überlegt, ob Sie nicht auch zwei, die sich einsam fühlen, zusammenführen könnten?
Was im Fernsehen als ästhetisches Kuppelspiel inszeniert wird – das schmissige Geplänkel der Herzblatt-Pärchen ist bis ins Detail geprobt – ist in den USA bereits ein neuer, privater Trend: »Personal Network«. Recht so! Ich frage mich oft, warum so viele, die Anschluß suchende Singles kennen, diese nicht unter die Leute bringen. Bei altgedienten Pärchen werde ich den Verdacht nicht los, daß sie nicht mit ansehen können, wie es zwischen zwei Menschen zu knistern beginnt. Manche Frauen haben vielleicht Angst, daß sich eine Single-Frau womöglich als männermordendes Wesen entpuppt und sich am eigenen Gesponsen vergreift. Männer wiederum hüten einen Single-Freund oft eifersüchtig wie einen Schatz, weil er ihnen Zugang zur Welt der Freiheit ermöglicht. Schließlich gibt es noch den einfachsten aller Gründe, warum man sich nicht ans Verkuppeln wagt: Wie soll man es anstellen?

»Verkuppeln ist eine Geste der Humanität und Liebe«

Zum Verkuppeln – was für ein unschönes Wort für eine schöne Geste im Sinne der Humanität und Liebe – gehören Fingerspitzengefühl und Menschenkenntnis. Man muß überlegen, wer zu wem paßt, welche Eigenschaften einander ergänzen könnten und welche unmöglich harmonieren. Nicht, daß immer nur zwei zusammen-

geführt werden dürften, die über Gott und die Welt dasselbe denken! Aber dieselben Voraussetzungen zum Zusammenstreiten sollten sie haben! Wenn Sie beim Verkuppeln ein paar Regeln berücksichtigen, kann eigentlich nicht viel schiefgehen.
Regel Nummer 1: Setzen Sie zwei Kandidaten nicht unter Zugzwang! Am besten Sie weihen die beiden gar nicht in Ihren Plan ein. Wenn man weiß, daß man verkuppelt werden soll, ist man verkrampft, und es wird schwierig, seine positiven Eigenschaften zu entfalten. Regel Nummer 2: Keine Vorschußlorbeeren! Beschreiben Sie die Frau, die Sie an den Mann, oder einen Mann, den Sie an die Frau bringen wollen, nicht in den glühendsten Farben. Tun Sie das erst recht nicht, wenn es an demjenigen gar nicht so viel Außergewöhnliches gibt. Jeder euphorischen Schilderung und erst recht jeder Täuschung folgt zwangsläufig eine Enttäuschung. Regel Nummer 3: Sagen Sie nicht: »Ich muß euch zusammenbringen, weil ihr einander so ähnlich seid.« Das Mißtrauen, das durch dieses Entree entsteht, macht eine unbefangene Annäherung unmöglich.
Verwickeln Sie die beiden in ein Gespräch und lassen Sie nebenbei eine Bemerkung über den einen fallen, die den anderen neugierig macht. Zum Beispiel können Sie sich nach den Französischfortschritten Ihrer Bekannten erkundigen und dem Mann erklären: »Katja macht neben ihrem Beruf ein Diplom.« Sollte der Mann schwerfällig sein und den Ball nicht fangen, helfen Sie nach: »Könnten Sie sich vorstellen, neben dem Beruf dreimal wöchentlich einen Abendkurs zu besuchen?«
Ach ja, eins ist noch zu sagen: Nicht jeder Single will verkuppelt werden! Respektieren Sie den Entschluß, vorübergehend oder für immer solo zu bleiben. Dafür, daß sie allein, aber nicht einsam sind, können Sie sorgen, indem Sie diese Menschen einladen, obwohl sie nicht »komplett«, nämlich als Paar kommen ...

TIP 33

Sag beim Abschied deutlich Servus!

Der Schmerz einer Trennung ist leichter zu verkraften, je radikaler man auseinandergeht ...

Im Film ist es so einfach: Er schaut ihr ein letztes Mal tief in die Augen, steigt in einen Flieger und ist dahin. Oder: Sie legt eine Rose mit einem tintengeschriebenen »Danke« auf seinen Schreibtisch und ist bereit für die nächste große Liebe.
Im realen Leben ist der Abschied von zwei Menschen, deren Liebe zerbrochen ist, weder so kurz noch so romantisch und schon gar nicht so schmerzlos. Meist will man schon die längste Zeit Schluß machen, weiß aber nicht wie. Falls Sie in der Situation sind, sich ein Trennungsmanagement zurechtlegen zu müssen, kann ich Ihnen nur eins raten: Gehen Sie möglichst schnell und möglichst vollständig auseinander. Je halbherziger Sie Schluß machen, desto schwerer fällt die Umorientierung, desto anhaltender ist der Schmerz. Erst kürzlich suchte mich eine Frau auf, die von ihrem Lebensgefährten verlassen, aber gleichzeitig immer wieder besucht wurde. Er kam vorbei, um nach Post zu fragen, sich ein Fernglas auszuleihen oder einfach nur, um »Hallo« zu sagen. Da er nun allein lebte, freute er sich über einen schön gedeckten Tisch, gutes Essen und nicht zuletzt über das vertraute Gespräch. Die von beiden gewollte Trennung artete in eine unendliche Geschichte aus, die es sowohl ihr als auch ihm unmöglich machte, in eine neues Leben aufzubrechen. Ich kenne auch Frauen und Männer, die trotz eines Abschieds hartnäckig an Abhängigkeiten festhalten. »Ich muß ihm die Buchhaltung machen«, erklärte mir eine 36jährige Sekretärin. »Dafür kümmert er sich noch um den Garten.« Warum »muß«? Hinter Pseudoverpflichtungen steckt oft nichts anderes als die Angst vor Selbstverantwortung oder das Bedürfnis, weiterhin Kontrolle über den anderen auszuüben.

»Bleiben Sie dabei: Schluß ist Schluß!«

Eine Sache für sich ist eine Trennung mit Schuld-, Rache- oder Neidgefühlen. Schuldgefühle verführen dazu, dem anderen immer wieder Zugeständnisse und Hoffnungen zu machen. Rache und Neid verleiten zu unangemessenen Attacken und aufwühlenden Verfolgungsmaßnahmen. In beiden Fällen kann es passieren, daß die hochgeputschten Gefühle für Liebe gehalten werden und der ganze Jammer wieder von vorne beginnt.

Um all diese Komplikationen zu vermeiden, bleiben Sie dabei: Schluß ist Schluß. Lassen Sie sich nicht auf »notwendige« Treffen ein. Sagen Sie Ihrem Partner, daß diese radikale Trennung keine Maßnahme »gegen« ihn, sondern für Sie selbst ist. Informieren Sie Ihre Freunde über Ihre Trennung. Wenn es Ihnen schwerfällt, ausführlich darüber zu sprechen, sagen Sie einfach: »Wir haben uns getrennt, aber ich kann vorläufig noch nicht darüber reden.« Je deutlicher Sie die Trennung nach außen vollziehen, desto leichter können Sie sie innerlich akzeptieren. Versuchen Sie Gewohnheiten, die Sie gemeinsam hatten, zumindest vorübergehend zu verändern. Das Scheiden von einem Partner gelingt leichter, je mehr Sie sich von ihm unterscheiden. Räumen Sie alles, was Sie an die gemeinsamen Tage erinnert, aus Ihrer Sichtweite. Später, wenn der Schmerz nicht mehr so akut ist, können Sie sich über die eine oder andere Erinnerung wieder freuen. Schließlich: Versuchen Sie sich den Abschied nicht durch Anrufe, kleine Geschenke, Signale und Zeichen Ihrer nach wie vor bestehenden inneren Verbindung zu erleichtern. Wenn Sie dem Schmerz, sich von der Vergangenheit zu verabschieden, ausweichen, weichen Sie auch den Freuden aus, die in Zukunft auf Sie zukommen werden ...

TIP 34

Liebe ist nicht Instinktsache

Kein Instinkt garantiert uns Lust. Nur Übung macht den Meister ...

An ihrem dritten Hochzeitstag zog Therese Bilanz: Hatten sich alle ihre Erwartungen erfüllt, die sie von der Ehe gehabt hatte? In ihrer schwungvollen Schrift vertraute Therese ihrem Tagebuch an: »Zufrieden bin ich. Aber befriedigt bin ich nicht. Würde mich Heinz lieben, müßte er doch fühlen, was beim Sex gut ist für mich!« Warum muß Heinz das? Wurde er von der Natur mit einem Instinkt für weibliche sexuelle Bedürfnisse ausgestattet?
Sicher nicht. Wir alle, Männer genauso wie Frauen, haben keinen angeborenen Instinkt, der uns sagen würde, was wir selbst brauchen oder der geliebte Partner ersehnt, um Sex befriedigend erleben zu können. Vielleicht wenden Sie an dieser Stelle ein: »Unsinn! Schließlich pflanzen sich die Menschen doch seit Millionen Jahren fort.« Das ist schon richtig. Aber das heißt noch lange nicht, daß Fortpflanzung und Lust identisch wären. Zum Beispiel ist weder der Orgasmus der Frau noch ihr Begehren zur Fortpflanzung notwendig. Wenn wir überhaupt von einem sexuellen Instinkt des Menschen sprechen dürfen, dann äußert er sich nur in unserer Fähigkeit, uns zu verlieben. Was uns zutiefst aufwühlt, ist nichts anderes als ein Trick der Natur, um die Arterhaltung zu sichern. Verliebte wollen Sex, und Sex sorgt für Nachkommenschaft.

»Sich zu verlieben ist ein Trick der Natur«

Aber lustvoller Sex ist kein Naturvorgang, sondern ein Sozialprodukt. Ein Prozeß, der vom sozialen Umfeld gesteuert und geformt, bei vielen Frauen sogar deformiert wird. Denken Sie doch an Ihre eigene Kindheit zurück: Sie spielten neugierig mit Ihrem

Geschlecht und bekamen zu hören: »Das darf man nicht!« Schuld entstand. Sie hüpften in unbefangener Nacktheit vor anderen herum und hörten: »Das gehört sich nicht!« Scham entstand. Sie wurden beim Doktorspiel ertappt und ermahnt: »Mach' das nicht noch einmal!« Schlechtes Gewissen entstand. Wer kann da noch allen Ernstes behaupten, daß wir Instinktwesen seien? Nur Tiere werden mit einem Instinkt geboren, der sie dazu anhält, auf ein biologisches Verlangen mit einem grundsätzlich akzeptierten, richtigen und auch vorgesehenen Verhalten zu reagieren. Bei uns Menschen ist eher das Gegenteil der Fall. Wir müssen befriedigenden Sex lernen.

Das sexuelle Lernen besteht – vor allem für die nach wie vor strenger und prüder erzogenen Frauen – in einem Verlernen anerzogener Hemmungen. Kein sexueller Instinkt bewahrt uns nämlich davor, uns hemmende Verhaltensweisen anzueignen.

Die Männer sind ein bißchen besser dran: Sie haben zwar auch keinen sexuellen Instinkt, der ihnen selbst und den Frauen Lust beschert. Ihr Instinkt besteht höchstens darin, daß sie – von der Natur auf Fortpflanzung programmiert – instinktiv auf jene sexuellen Reize anspringen, welche die Erektion ermöglichen, die zur Fortpflanzung notwendig ist. Die Störungsanfälligkeit des Mannes liegt daher nicht im Orgasmuserleben, sondern in der Erektionsfähigkeit. Das ist übrigens auch der Grund, warum Männer auf Frauen fliegen, die großzügig mit sexuell aktivierenden Geschlechtsmerkmalen ausgestattet sind.

Um noch einmal auf Therese und Heinz zu kommen: Wenn sich die beiden auf einen sexuellen Instinkt als Schlüssel zu einem beglückenden sexuellen Erleben verlassen, sind sie genauso verlassen, wie wenn sie sexuelle Befriedigung als Geschenk der »Liebe« erwarten. Bewußtes Lernen, Wahrnehmen und Hören auf Sinne und Körper sind sicherere Wege zur Lust ...

TIP 35

Zu zweit ist alles schöner!

Eine Fixierung auf Partnersuche macht blind für andere Gefühlsquellen ...

Auf die Gefahr hin, daß Sie mir jetzt Vereinfachung unterstellen, behaupte ich: Das Leben kann auch schön sein, wenn man solo ist. Aber viele Alleinstehende wollen das partout nicht glauben. Was, Sie sollen alleine ins Kino gehen? Nein, das ist doch wirklich öde. Zeitungsschmökern im Kaffeehaus soll ohne Partner Spaß machen? Also wirklich nicht. Alleine in die neue Ausstellung zu gehen, steht gar nicht erst zur Diskussion. Und an einem organisierten Ausflug alleine teilzunehmen kommt ebensowenig in Frage wie der interessante Vortrag an einer Volkshochschule. Ja, wenn man zu zweit wäre, dann wäre alles anders ...
Ich bin mir da nicht so sicher. Für viele Frauen und Männer ist eine Partnerschaft der Lebensinhalt, von dem sie sich erhoffen, daß er Inaktivität, Minderwertigkeitskomplexe und Leere beseitigt. Andere Einsame verrennen sich in die Vorstellung, daß Aufmerksamkeit, Wärme und Verantwortungsgefühl nur von einem Liebespartner kommen könnten. Diese falsche Annahme stammt aus einer Kindheitsphase, in der man als winziges, abhängiges Geschöpf erlebte, daß die totale Achtsamkeit und Befriedigung von einem Menschen – in der Regel der Mutter – kam. Aber innige Gefühlsbande können auch unter Freunden bestehen! Man müßte nur den Schritt zum »Du« machen.
Aber viele, die auf Biegen und Brechen hinter einem Partner her sind, übersehen andere Möglichkeiten der Freude, die das Leben bietet.
Bitte mißverstehen Sie mich jetzt nicht – ich will nicht das Alleinsein zur idealen Lebensform hochjubeln. Ich weiß aus eigener Erfahrung, wie schön es ist, jemanden zum Reden, Kuscheln

und Verwöhnen zu haben. Aber das Pech, gerade solo zu sein oder das Schicksal, in reiferem Alter vielleicht keinen festen Partner mehr zu finden, sollte Sie nicht daran hindern, das Leben zu genießen!

»Glück ist eine Sache der Bereitschaft«

Die 54jährige Gabriele hatte nach ihrer Scheidung eine Phase, in der sie den Fuß nicht unnötigerweise vor die Tür setzte. Sie interessierte sich für nichts und träumte nur von einem abwechslungsreichen, warmen Dasein mit einem Mann an ihrer Seite. Doch zellulare Abgeschlossenheit verursacht bei jedem Menschen innerhalb kurzer Zeit schmerzhafte Einsamkeitsgefühle, Depressionen und Ängste. In der Silvesternacht des vergangenen Jahres schwor sich Gabriele, ihr Leben auch dann sinnvoll zu gestalten, wenn kein Mann Socken in ihrer Wohnung herumliegen läßt. Gabriele schaffte es, aus dem Jammertal des Alleinseins herauszukommen. Heute ist sie eine unternehmungslustige Frau, die zehn Jahre jünger aussieht als früher, einen wunderbaren Freundes- und Bekanntenkreis und jede Menge Lebenslust hat. »Seit ich mein Leben genauso gestalte, wie wenn ich einen Partner hätte, bin ich wieder glücklich«, sagt sie. »Vielleicht finde ich noch einmal jemanden. Wenn nicht, lasse ich mir deswegen nicht die vielen anderen Glücksquellen verderben, die es sonst noch gibt.«
Recht hat Gabriele. Glück ist eben nicht nur eine Sache der Götter, die verschwenderisch ihr Füllhorn über unser Leben leeren. Glück ist auch eine Sache der Bereitschaft ...

TIP 36

Das Vertrauen in der Liebe

Nicht Lippenbekenntnisse, sondern die Erfahrung, sich auf das Verhalten des Partners verlassen zu können, erzeugt Vertrauen ...

Wenn von Liebe und Partnerschaft die Rede ist, dauert es nicht lange und das Wort »Vertrauen« fällt. »Wenn kein Vertrauen da ist, ist auch keine Liebe da«, heißt es oft.
Das klingt ja alles sehr logisch und edel – aber was ist »Vertrauen« eigentlich?
Vertrauen ist keine persönliche Qualität und keine Charaktereigenschaft. Vertrauen zwischen einem Mann und einer Frau ist auch nicht dem Gefühl gleichzusetzen, das ein kleines Kind den großen, starken Eltern gegenüber empfindet. Das hilflose Kind hat gar keine andere Wahl: Sein Überleben hängt von einem unkritischen, »blinden« Vertrauen ab, das allerdings völlig einseitig ist.

»Vertrauen muß erarbeitet und verdient werden«

Wenn es zwischen Ihnen und Ihrem/Ihrer PartnerIn Vertrauen geben soll, bildet es sich wechselseitig durch die Art heraus, wie Sie miteinander umgehen. Vertrauen ist eine Lernerfahrung: Wenn man gelernt hat, sich auf das gegenseitige Verhalten zu verlassen, entwickelt sich Vertrauen. Am Anfang einer Beziehung liest man einander zwar jeden Wunsch von den Augen ab und es fällt einem leicht, zugunsten des Glücks des anderen auf etwas zu verzichten – aber darf man deswegen schon Vertrauen haben? Ich sage nein. In einer neuen Beziehung will man dem anderen um jeden Preis gefallen. Dieser Ausnahmezustand erzeugt eine unrealistische Vertrauensseligkeit.
»Bevor wir zusammengezogen sind, war ich ganz sicher, daß ich

meinem Freund vertrauen kann«, sagte unlängst eine Frau in meiner Praxis. »Nach einem Jahr habe ich gewußt, daß das leider nicht möglich ist.« Kann man sich wirklich so in einem Menschen irren? Man kann. Probleme machen sich ja nicht gleich zu Beginn einer Beziehung bemerkbar. Selbst wenn das der Fall ist, bemüht man sich anfangs, alleine damit fertig zu werden. Oder man schiebt ein Fehlverhalten des Partners dem Umstand zu, daß man sich gerade erst kennengelernt hat. Erst im Zusammenleben oder im Rahmen einer längeren Beziehung wird es möglich, das Verhalten des anderen objektiv zu beobachten. Jedes Fehlverhalten ändert die vertrauensselige Einstellung dem Partner gegenüber und trägt zu einer neuen, realitätsgerechten Meinung bei: Er/sie ist vielleicht rücksichtslos, unzuverlässig oder egoistisch. Manche Glückliche werden in ihrem ursprünglich naiven Vertrauen bestätigt: Durch gemeinsam erlebte und gemeisterte Situationen hat man gelernt, daß man sich auf das Verhalten des Partners verlassen kann. Sie sehen – das Um und Auf bei der Vertrauensfrage ist die konkrete Erfahrung. Wie soll eine Frau einem Mann vertrauen, der behauptet, sie zu lieben, dessen Verhalten seine Worte Lügen straft? Wie soll ein Mann einer Frau vertrauen, die nur Lippenbekenntnisse ablegt? Ich wundere mich immer wieder, wenn ein Frischverliebter erklärt, er habe »blindes Vertrauen« zu seiner neuen Flamme. Wie ist das möglich, wenn weder der eine noch der andere die Chance hatte, sich zu beweisen, und wenn man sich noch nie gemeinsam angestrengt hatte? Nein, Vertrauen ist Erfahrungssache und muß erarbeitet und verdient werden. Wenn Ihnen ein Mensch, den Sie erst kurz kennen, beteuert: »Mir kannst du vertrauen«, sollten Sie genauso mißtrauisch sein, wie man es Ihnen gegenüber wäre, würden Sie von vornherein erklären: »Ich vertraue dir.« Großspurig über Entwicklungen und Ereignisse zu entscheiden, von denen man noch keinen blassen Schimmer hat, ist eher oberflächlich als vertrauenerweckend ...

TIP 37

Erotisches Lampenfieber

Das erste Mal mit einem neuen Partner zerrt ganz schön an den Nerven ...

Britta, 37, war 14 Jahre verheiratet, als es zur Scheidung kam. Die neuen Freiheiten, über die Britta nun als Single-Frau verfügen kann, hat sie wider Erwarten ganz gut im Griff. Nur eines macht Britta Schwierigkeiten: Das erste Mal mit einem neuen Partner. Britta ist sich nicht im klaren darüber, wann wirklich der richtige Zeitpunkt gekommen ist, um mit einem Mann ins Bett zu gehen. Und sie befürchtet, gerade beim ersten, entscheidenden Zusammensein »nicht zu funktionieren«.
Stefan, 28, sitzt ebenfalls in der Malaise. Auch er hat Angst vor dem Premierenstreß. »Soll ich schnell zur Sache kommen? Oder soll ich lieber abwarten?« rätselt er. »Rede ich vorher mit einer Frau über das, was wir vorhaben? Oder spricht man die Dinge gar nicht offen aus?«
Abgesehen von dickhäutigen Ex-und-Hopp-Anhängern ist das erste Mal für die meisten Frauen und Männer zumindest so angstbesetzt wie die Premiere für den Schauspieler. Einerseits hungert er nach seinem Auftritt und verzehrt sich nach seinem Publikum. Andererseits frißt ihn die Angst auf: »Hoffentlich habe ich keinen Hänger ... Werde ich es schaffen? Ich freue mich schon so darauf, aber ich fürchte mich auch.« Diese brisante Mischung aus Angst und Lust teilen Künstler und Liebende ebenso wie das erlösende Glücksgefühl nach der Premiere, wenn alles mehr oder weniger störungsfrei über die Bühne gegangen ist ...
Natürlich hat jede Begegnung ihre eigene Dramaturgie und kann daher nicht detailliert geplant werden. Aber es schadet nicht, sich auf ein paar Grundsatzfragen vorzubereiten. Abgesehen von den seltenen Sternstunden der Liebe, in denen gar keine Regeln gelten

und alle Werte purzeln, sollten Sie sich im allgemeinen nur behutsam auf den ersten Liebesakt zubewegen. Wenn Sie mit einem(r) neuen PartnerIn zu schnell das Doppelbett ansteuern, steigt die Wahrscheinlichkeit, daß »es« nicht klappt.

»Outen Sie sich!«

Was ich Ihnen wärmstens empfehlen kann, ist ausgiebiges Petting! Tun Sie diese Form der erotischen Begegnung nicht als Jugendlarifari ab – sie hat therapeutischen Wert. Wenn Sie als Frau schon vor dem ersten, »richtigen« Zusammensein durch die Hand des neuen Geliebten zum Höhepunkt kommen, sind Sie vom Druck, funktionieren zu müssen, entlastet. Und er macht die Erfahrung, Sie befriedigen zu können. Ein unsicherer Liebhaber ist sogar besonders darauf angewiesen, durch solche positiven Erfahrungen sexuelles Selbstvertrauen zu gewinnen.
Eine mehr oder weniger große Last mit der Lust hat ja nahezu jeder. »Solange ich mit einer Frau nicht ein harmonisches, geregeltes Sexleben habe, komme ich zu früh«, höre ich von Männern immer wieder. Bei Frauen wird das erste Mal von der Angst überschattet, der neue Partner könnte enttäuscht darüber sein, daß der Orgasmus nicht allein durch den Verkehr, sondern nur durch zusätzliche oder ausschließliche Reizung der Klitoris mit den Fingern erreicht wird. Was tun? Outen Sie sich! So wenig ich vom Zwangsouten halte, so viel halte ich von der freiwilligen Selbstöffnung: Sie baut Leistungsdruck ab und gibt dem/der PartnerIn die Möglichkeit, sich auf die Lustbedingungen des anderen einzustellen ...

TIP 38

Wenn Männer zuviel grapschen

Ständiges Tatschen, Zwicken und Rubbeln ist keine Zärtlichkeit, sondern eine egoistische Aufdringlichkeit ...

Am Anfang war Faszination, dann kam der Frust: Die Frau erkannte, daß sie sich in einen Grapscher verliebt hatte. Nein, nein, der Gute grapscht nicht nach anderen Frauen. Er tut es ausschließlich bei seiner Partnerin. Wo er geht und steht, grapscht er an ihr herum. Wenn die beiden mit Freunden beim Heurigen sitzen, zwickt er sie in den Oberarm. Am Weg zum Auto rubbelt er an ihren Schulterblättern. Zuhause manscht er an ihrem Busen. Schließlich explodierte die Frau: »Greif mich nur ja nicht mehr an!« schrie sie schrill. »Sonst rutscht mir die Hand aus.« Seitdem ist es zwischen den beiden nicht mehr so wie früher. Sie ist unglücklich, er ist verstockt.
Frauen klagen oft darüber, daß sie gegen ihren Willen von ihrem Partner begrapscht werden. Eine Zeitlang agieren Grapscher unbehelligt. Anfänglich hofft eine Frau, der Partner möge spüren, daß ihr das ständige Knubbeln und Rubbeln unangenehm ist. Aber Männer, die bei jeder passenden und unpassenden Gelegenheit an einem weiblichen Körper herumtätscheln, haben selbst ein bemerkenswert dickes Fell. Sie registrieren weder das sanfte Zurückweisen ihrer fummelnden Hand, noch ein unwilliges Abrücken von dieser. Ein Grapscher ist so lange nicht aufzuhalten, bis der gemarterten Frau der Faden reißt und sie ihm ihren Widerwillen gegen diesen körperlichen Übergriff unangemessen aggressiv entgegenschreit. So mancher Grapscher, der die rote Karte erhielt, fragt dann völlig konsterniert: »Ist das nicht angenehm?« Das schon, aber nur ihm. »Ausgreifen gehört doch dazu«, meinen wiederum andere. Stimmt nicht – auch wenn viele Frauen stillhalten, weil sie dasselbe glauben.

»Zügeln Sie Ihre Lust am Betatschen!«

Aus welchen Motiven auch immer Männer ihre Gefährtinnen begrapschen – sie können die Vorwürfe der Frauen nicht verstehen: Da jammern sie die ganze Zeit darüber, daß Männer unzärtlich seien, aber wenn man dann zärtlich ist, paßt es auch wieder nicht. Wissen die Frauen eigentlich, was sie wollen? Ja, das wissen wir: Bitte keine Grapscherei! Diese kindliche Form des Körperkontaktes ist nur selten angenehm. Damit Berührungsbehaglichkeit entsteht oder gar sexuelle Empfindungen aufkommen, muß eine Frau ihre Aufmerksamkeit auf eine Berührung richten können. Das geht aber nicht, wenn der Liebste den Po berührt, während sie mit der Mutter telefoniert. Ganz zu schweigen von all den flüchtigen Berührungen, wie Zwicken oder Kitzeln, die von vornherein nicht geeignet sind, eine sinnliche Stimmung zu erzeugen. Auch wenn diese Kontaktaufnahme noch so gut gemeint ist, wird sie von den meisten Frauen als egoistische Aufdringlichkeit erlebt.

Daß sich das Grapschen im Beziehungsalltag trotzdem so hartnäckig hält, liegt oft an den Frauen selbst: Ab und zu reagieren sie doch positiv darauf. Durch dieses unregelmäßige Belohnungsmuster wird bei einem Mann das infantile Verhalten fixiert und verstärkt. Durch unvorhersehbare Belohnungen gewinnt übrigens auch das Glücksspiel so starken Reiz, daß man ihm verfallen und dabei ziemlich draufzahlen kann. Daher gilt mein letztes Wort den »handgreiflichen« Männern: Zügeln Sie Ihre Lust am Betatschen! Berührungen sind zu schön, um sie zum Grapschen verkommen zu lassen ...

TIP 39

Zwei Körper im Dreivierteltakt

Warum Liebende die einigende Kraft des Rhythmus berücksichtigen sollten ...

Ein Mann streichelt seine Geliebte. Sie küßt ihn. Er küßt sie. Das Verlangen beider steigert sich. Endlich – Vorhang auf für den Liebesakt! Doch die vielversprechende Einleitung endet wie ein Theaterstück, dessen Autor alle seine Pointen im ersten Akt verschoß. Abgang der beiden Akteure. Der männliche Hauptdarsteller spürt, daß irgend etwas fehlgelaufen ist. Die weibliche Darstellerin lächelt gequält. Schluß jetzt mit dem Herumgerede: Was stimmt denn nicht an einem Akt, wie er im Lehrbuch geschildert wird? Rein, raus, rein, raus – so steht's doch überall! Das schon. Aber das allein ist es eben nicht.
Auch wenn der Liebesdiener flink wie ein Elektroquirl, energisch wie ein Preßlufthammer und ausdauernd wie eine Förderpumpe ist, genau diese Eigenschaften verhindern bei Frauen oft die wirkliche Lust. Manche spüren unter solchen Umständen rein gar nichts. Ich möchte nicht vulgär werden, aber der Volksmund legt sexuelle Vorgänge offen, die in der Alltagssprache schwer zu sagen sind: Wenn »gepempert«, »genagelt« oder »gebumst« wird, passiert das, was schon das Wortbild beschreibt: »Pemper, pemper«, »nagel, nagel«, »bumm, bumm«. Wenn das männliche Liebesorgan im harten Stakkato auf die sensible Mitte einer Frau trifft, kann es schon vorkommen, daß ein unermüdlicher Penis als Waffe und der Liebesakt als Kampf empfunden wird.

»Behutsames, wartendes Eindringen ist das oberste Gebot«

Mir ist schon klar, daß mit zunehmender Erregung der sexuelle Rhythmus drängender, schneller und explosiver wird. Aber warum gleich von Anfang an wie wild bumsen? Wenn sofort nach dem Eindringen gierig oder gar zornig gehämmert wird, ist das, was – zumindest für Frauen – höchste sinnliche Qualität hat, gar nicht mehr möglich: erotische Abstimmung und rhythmisches aufeinander Eingehen.

Die Magie des Rhythmengefüges ist seit jeher bekannt. Horrorszenen in Filmen werden musikalisch mit schriller Rhythmuslosigkeit gestaltet. Dagegen sollen etliche alte Hochzeitsbräuche und Rituale demonstrieren, daß eine Frau und ein Mann »miteinander können«. Beim Brautwalzer demonstriert ein Pärchen, daß es sich rhythmisch abstimmen kann. Die ländliche Sitte, bei der Frau und Mann im richtigen Takt einen Baumstamm durchsägen, soll zeigen, daß ein gemeinsamer Rhythmus gefunden werden kann, daß man miteinander »im Einklang« ist.

Aber zurück zum Hin und Her im Ehebett: Wie sollte sich ein Mann seiner Geliebten nähern, ohne daß er gleich Funken schlägt? Behutsames, wartendes Eindringen ist das oberste Gebot. Erfahrene Männer wissen, daß es ein Genuß der Sonderklasse ist, nur langsam aktiv zu werden. Sanftes und langsames Reiben mit dem Schambein an der Liebespforte der Partnerin ist nicht nur ein erregender Auftakt für das Liebesspiel. Viele Frauen kommen überhaupt nur dadurch zum Orgasmus. Mikrobewegungen genügen!

Probieren Sie die langsame, sanfte Liebe doch einmal aus! Wer sich einmal auf diese Weise beim Diwanwalzer gefunden hat, wird nicht mehr darauf verzichten ...

TIP 40

»Wünsch dir was!«

Die ständige Mißachtung der eigenen sexuellen Sehnsüchte bestraft der Körper mit Lustlosigkeit ...

Wütendes Gekeife. Böse Worte. Hickhack.
Wer von uns kennt nicht diese Szenen, bei denen man ganz genau spürt: »Da steckt doch was anderes dahinter!« Richtig: Ständige Nadelstiche sind oft ein Hinweis auf unausgesprochene erotische Wünsche. Denn ausgerechnet auf dem Gebiet, auf dem größtmögliche Intimität herrschen sollte, haben vor allem wir Frauen »unsere Gründe«, Sehnsüchte oder Abneigungen für uns zu behalten. Zu verschweigen, daß man zum Beispiel während des Verkehrs zusätzlich Klitorisstimulation braucht oder nichts mehr haßt als Oralsex, offenbart den kulturellen Druck, unter dem Frauen auch heute noch stehen. Wir neigen noch immer dazu, uns mehr um die Lust zu kümmern, die man in einem Mann erregt, als um die Lust, die wir selbst empfinden könnten.
Männer müssen zwar »funktionieren« und mit einer Erektion für den Liebesakt bereit sein, aber sie sorgen auch mit Nachdruck für die Erfüllung ihrer Lustbedingungen: »Massier mich fester«, »Schließ die Beine enger« – der Potenzdruck lockert Männern die Zunge. Ob eine Frau sexuell funktioniert, ist unüberprüfbar. Ihr Geschlecht ruht in sich. Es schreit – im wahrsten Sinne des Wortes – nicht danach, daß seine Voraussetzungen zur Lust erfüllt werden.

»Jede zweite Frau tut so als ob«

Ich übertreibe nicht, wenn ich behaupte, daß vermutlich jede zweite Frau »so tut als ob« und nicht ausspricht, was sie beim Sex wirklich gerne hätte. Im Laufe der Zeit merkt sie nicht einmal mehr, daß sie eine Zufriedenheit vortäuscht, die sie nicht empfindet. Später hat sie zu ihren Bedürfnissen gar nicht mehr Zugang. Das zu verschweigen, was man sich erregend vorstellt oder vielleicht gar schon einmal als erregend kennengelernt hat, tötet auf Dauer die sexuelle Leidenschaft, entfremdet den eigenen Körper und verhindert jede erotische Entwicklung.

Haben auch Sie Probleme, Ihre Wünsche »an den Mann zu bringen«? Machen Sie beim Sex Dinge, die Ihnen eigentlich zuwider sind? Dann üben Sie das Neinsagen zuerst in anderen Lebensbereichen. Sagen Sie zwei, drei Wochen lang zu Ansinnen nein, die Ihr Bester entgegen Ihren Wünschen an Sie stellt. Können Sie sich hier abgrenzen, fällt es leichter, sich auch auf sexuellem Gebiet mit einem Nein durchzusetzen. Oder wünschen Sie sich etwas, was Ihr Liebster partout nicht macht? Sagen Sie nicht: »Du streichelst mich nie«, formulieren Sie eine Ich-Aussage: »Ich hätte gerne, daß du mich streichelst.« Du-Aussagen werden meist als Kritik aufgefaßt. Und Kritik kommt üblicherweise »von oben«, also werden Sie mit dem Widerstand Ihres Partners rechnen müssen, der sich nicht »unterordnen« will.

Beim Aussprechen sexueller Wünsche ist es auch wichtig, Alternativvorschläge zu machen. Wenn Sie sich zum Beispiel nach mehr Kuscheln sehnen, können Sie das direkt formulieren und gleichzeitig sagen: »Falls dir das schwerfällt, könnten wir vielleicht Hand in Hand einschlafen.« Damit geben Sie Ihrem durch Ihre Zurückhaltung verwöhnten Gesponsen das Gefühl, eine gewisse Kontrolle zu behalten. Der Weg der sexuellen Selbstbehauptung ist anfänglich nicht unproblematisch. Aber das Ziel ist die Nähe, von der Sie jetzt vielleicht nur träumen ...

TIP 41

»Ohne dich kann ich nicht leben«

Trennungen sind unvermeidlich. Trotzdem kommt der Abschied von einem Partner einem Supergau des Selbstwertes gleich ...

Die Geschichte spielt sich etwa so ab: Er sagt, daß er sie nicht mehr liebt und Schluß machen will. Sie sagt, daß sie ohne ihn nicht leben kann. Er sagt, daß sie aus ihrem Leben noch etwas machen könnten, wenn sie auseinandergingen. Sie sagt, daß sie ohne ihn nicht leben kann. Er sagt, daß er sie schätzt, aber trotzdem frei sein will. Sie sagt, daß sie ohne ihn nicht leben kann. Die Furcht, ohne den anderen nicht weiterleben zu können, sitzt deshalb so tief, weil es sich dabei um eine Kinderangst handelt, der jeder von uns einmal machtlos ausgeliefert war. Ein Kind muß oft die Trennung der Eltern überstehen oder wegen eines Umzuges Freunde und Vertrautes hinter sich lassen. Auch wenn sich ein Elternteil von einem Kind gefühlsmäßig distanziert oder es nicht versteht, verläßt er es symbolisch. Verlassenheit ist ein Kinderschicksal. Nicht zufällig findet sich schon in der Bibel die Geschichte des ausgesetzten Moses in seinem Körbchen.

»Mutterseelenallein – wie damals als Kind«

Die Verlassenheitsängste der Kindheit sind deshalb so unauslöschlich, weil ein Kind ohne den schützenden Erwachsenen wirklich handlungs- und lebensunfähig ist. Die folgenschwersten und schmerzlichsten Trennungen sind daher jene, die man als Kind erlebte. Diese frühen, existentiellen Bedrohungen werden lebendig, wenn eine Liebesbeziehung zerbricht. Da fühlt man sich dann wieder wie damals als Kind »mutterseelenallein«.
Als die 42jährige Verena nach einer 14jährigen, schlechten Ehe von ihrem Mann hörte, daß er sich scheiden lassen will, drehte sie

durch: »Ich kann nicht leben ohne ihn«, behauptete sie. Natürlich war das keine realistische Aussage von einer Frau, die einen ordentlichen Beruf, einen eigenen Freundeskreis und zwei patente Kinder hatte. Aber auch Verena hatte als Kind um die Liebe und Aufmerksamkeit der Mutter gerungen, die ganz im Beruf des Vaters aufging. Er war ein hingebungsvoller Gemeindearzt und froh darüber, daß sich seine Frau als Ordinationshilfe so aufopfernd um seine Patienten kümmerte. Doch zuhause wartete Verena. Wenn die erschöpften Eltern heimkamen, sagte sie nichts über ihre Ängste und Gefühle. Vater und Mutter hatten es ja schwer und arbeiteten viel. Verenas kindliche Verlassenheitsängste wurden durch die Trennung von ihrem Mann wiederbelebt, obwohl sie ihn schon längst nicht mehr liebte und für ein Leben allein durchaus gerüstet war.

Normalerweise kann eine Frau, die von ihrem Ehemann verlassen wird, ohne ihn weiterleben. Genauso wie ein Mann, der seine Geliebte verliert, nicht ernsthaft lebensunfähig ist. Aber in Trennungssituationen tauchen Ängste und Gefühle auf, die Jahre oder Jahrzehnte unter Eis lagen.

Im Märchen werden oft Geschichten von verlassenen Kindern erzählt, die es später im Leben zu etwas Besonderem bringen. Sie werden Königinnen, Helden oder leisten Außerordentliches. Im Alltag geschehen solche Wunder selten. Aber eines ist möglich: Wenn ein Erwachsener sagt: »Ich kann ohne dich nicht leben«, sollte er wissen, daß diese Furcht unrealistisch für die Gegenwart ist. Mit dieser Einsicht wird er frei für den Blick nach vorne und dafür, endlich alle seine Fähigkeiten und Möglichkeiten zu entwickeln ...

TIP 42

Flaute im Bett

Warum es für Frauen und Männer gefährlich ist, sich ohne Lust auf Sex einzulassen ...

Ohne Lust Sex zu haben ist nicht, wie Sie bisher vielleicht dachten, Frauensache. Männer werden öfter sexuell aktiv, obwohl ihnen gar nicht der Sinn danach steht. Warum sich Frauen auf Sex einlassen, ohne selbst Verlangen zu spüren, ist bekannt: Entweder sie fürchten, daß der Partner durch eine Zurückweisung übellaunig wird und vielleicht sogar Psychoterror macht. Oder sie wollen mit ihrer ständigen sexuellen Bereitschaft einen Mann davon abhalten, »draußen« zu suchen, was er zu Hause vermißt.
Aber was veranlaßt Männer dazu, sich ohne Lust auf Sex einzulassen? Während die sexuelle Bereitschaft der Frauen beziehungsorientiert ist, ist die der Männer phalluszentriert: Der Mann ist nicht nur der Primate mit dem größten Penis. Er ist oft ein Penis, der einen Körper als Anhängsel hat. Kaum reckt und streckt sich Gott Phallus, glauben viele Männer, sofort für seinen Einsatz sorgen zu müssen, um die Lorbeeren ihrer männlichen Vitalität in Form tiefer Befriedigung zu ernten. Ist es dann soweit, wundert sich so mancher Mann, daß ihm sein herrlicher, allzeit bereiter Himmelsschlüssel nicht das Tor zum Paradies öffnet. Anstatt in Wollust zu schwelgen, muß er sich mit einer flauen Wurstelei begnügen.

»Keine Lust heißt bald kein Orgasmus«

Es ist charakteristisch für die männliche Sexualität, daß eine Erektion noch lange nicht das Zeichen eines drängenden sexuellen Verlangens sein muß. Wer hat nicht schon erlebt, daß ein Mann mitten in einer technischen Reparatur eine ansehnliche Erektion bekam, aber seelenruhig weiterwerkelte! Ohne die entsprechenden sexuellen und seelischen Gefühle ist ein erigierter Penis eben nicht mehr als ein blutgefülltes Schwellorgan. Es kann aber auch sein, daß ein tapferer Liebesdiener nicht zu Heldentaten aufgelegt ist, obwohl sein Herr das erwartet: »Wenn ich meine schöne Freundin mit ihrem aufregenden Busen sehe, glaube ich, daß ich sofort Lust haben sollte«, gestand ein 37jähriger Geschäftsmann. Von einer Ehefrau hörte ich, daß ihr Mann öfter sagt: »Jetzt haben wir schon seit zwei Wochen nicht mehr miteinander geschlafen. Komm ins Schlafzimmer, es ist höchste Zeit.« Kommt es dann bei dem lustlosen Hin und Her zum Verlust der Erektion, vermutet der arme Kerl sofort eine Potenzstörung, obwohl sein eigentliches Problem darin besteht, daß er sich trotz fehlender Lust auf einen Verkehr einließ.

Auch eine Frau kommt in Schwierigkeiten, wenn sie ständig ohne wirkliches Verlangen sexuell bereit ist. »Keine Lust« wird für sie gleichbedeutend mit »kein Orgasmus«. Über kurz oder lang wird der Liebesakt dann doch vermieden. Nicht nur das: Erregungsreaktionen werden grundsätzlich nicht mehr wahrgenommen – die betreffende Frau hält sich irrtümlich für frigid.

Ich muß allerdings zugeben, daß der Appetit manchmal mit dem Essen kommt und eine sexuelle Umarmung, die nur so-la-la begann, als explosiver Liebesakt endet. Aber das ist die Ausnahme von der Regel. Im Normalfall sollten Sie in puncto Sex in bewußtem Kontakt zu Ihren körperlichen und emotionalen Empfindungen bleiben. Wer sich darauf verläßt, daß beim Essen der Appetit schon kommen wird, darf sich nicht wundern, wenn er bald nie wirklich hungrig ist ...

TIP 43

Die einsame Lust

Der Rückzug auf die Selbstbefriedigung hält nicht, was er verspricht ...

Die Klagen darüber, daß sich der/die PartnerIn regelmäßig selbstbefriedigt, aber kein Verlangen nach einem gemeinsamen Liebesakt zeigt, nehmen zu. Eine Ehefrau erzählte mir, daß ihr Mann schon seit Jahren jede Gelegenheit zur Selbstbefriedigung ausnützt. Sie ertappte ihn dabei im Bad, vor dem Fernsehapparat und nachts neben sich im Bett. Obwohl er weiß, daß sie sich darüber kränkt, an sich selbst zweifelt und mit ihrem Verlangen nach ihm allein bleibt, bevorzugt er den einsamen Sex.
»Ich gehe mit meiner Freundin nur höchst selten ins Bett«, bekannte auch ein 24jähriger Student, der sich solo mit Phantasien erregt. Männern seines Schlages sprach schon vor 100 Jahren ein Intellektueller aus dem Herzen, als er sagte: »Geschlechtsverkehr mit einer Frau kann manchmal ein befriedigender Ersatz für Masturbation sein.«
Aber auch Männer bedauern, daß ihre Partnerinnen ihre sexuellen Bedürfnisse mit der Selbstbefriedigung stillen. »Ich würde liebend gerne mit meiner Partnerin schlafen«, sagte ein 51jähriger Jurist. »Aber sie macht kein Geheimnis daraus, daß sie lieber selbst Hand anlegt.«
Ich bin zwar dafür, in Phasen des Alleinseins oder in jenen seltenen Augenblicken der Lust, die keinen Aufschub dulden, sich ohne Bedenken selbst Erleichterung zu verschaffen. Aber wenn ein/e sexuell interessierte/r PartnerIn greifbar ist und dennoch die Selbstbefriedigung bevorzugt wird, sind Enttäuschung und Krise vorprogrammiert. Warum gibt man sich mit einem halben Vergnügen zufrieden? Da gerade im Sexuellen Unbequemes gerne verdrängt wird, gebe ich ein paar Denkanstöße.

»Der Liebesakt erscheint als lustärmere Variante der Befriedigung«

Haben Sie sich als Frau längere Zeit nur deshalb auf Sex eingelassen, um Aufmerksamkeit oder Nähe zu bekommen? Oder vielleicht haben Sie zu Beginn einer Beziehung mehr sexuelles Interesse vorgetäuscht, als Sie tatsächlich hatten? Unter solchen Umständen ist ein sexuelles Zusammensein nicht befriedigend. Wozu sollte man es wiederholen? Die Onanie erscheint dann als die akzeptablere Form der Entspannung.

Bei Männern ist das Verschweigen sexueller Wünsche ein häufiger Grund für den Rückzug in die Selbstbefriedigung. Manche gestehen Jahre oder gar Jahrzehnte nicht, daß sie sich eine besondere sexuelle Technik wünschen oder nur alleine bestimmten Phantasien nachhängen können. Da sie sich diese Voraussetzungen bei der Masturbation schaffen, ist sie nicht eine »Notlösung«, sondern die lustvollere Variante der Befriedigung.

Schließlich kann für Frauen und Männer Unzufriedenheit mit der Beziehung, eine unbewußte Ablehnung der/des Partnerin/Partners oder Angst vor Nähe dazu führen, daß man auf die gemeinsame Lust verzichtet. Letztlich endet der freiwillige Rückzug auf sich selbst in einer Sackgasse. Durch das Ausschalten des Partners vom eigenen Lusterleben bekommt nicht nur die Beziehung einen Knacks. Wer seine Lust auf Dauer nur aus den eigenen Organen zieht, leidet irgendwann auch darunter, daß seine sexuellen Explosionen nicht mehr Wirkung haben als Knallfrösche ...

TIP 44

Schon wieder der Falsche!

Bei der Partnerwahl sind manche Menschen vom Pech verfolgt. Purer Zufall ist das nicht ...

Karl sagt: »Ich habe immer wieder Pech mit Frauen.« Stefanie meint: »Mich nützt jeder aus.« Ruth resigniert: »Ich komme ständig an den Falschen.« Ist wirklich nur der Zufall schuld daran, daß viele Menschen immer wieder an die/den Falsche/n geraten? Ich bin nicht der Meinung. Hinter dem vordergründigen Pech der verflixten falschen Wahl stehen unbewußte Selbstheilungsversuche.
Nehmen wir zum Beispiel Karl: Seine Mutter war eine kühle, unnahbare Frau, um deren Zuneigung er sich erfolglos bemühte. Nun sucht er sich auch als Erwachsener immer wieder kühle Frauen, um die er ständig kämpfen muß. In der unbewußten Hoffnung, daß sein Konflikt diesmal gut ausgeht, inszeniert er sein unaufgelöstes Problem immer wieder aufs neue. Stefanie hat immer wieder einen Partner, der sie ausnützt. Ihrem jetzigen Freund zahlt sie seine Schulden, sie bedient ihn hinten und vorne und pflegt auch noch seine Eltern. Außerdem spart sie an sich, damit er sich ein drittes Motorrad kaufen kann.
Natürlich war Stefanie mit keinem der Männer, für die sie sich bisher aufopferte, wirklich glücklich. Aber sie wird gebraucht. Ohne dieses Gefühl würde sie sich noch mieser fühlen als in ihrer Opferrolle. Und was ist mit Ruth? Sie sagt zwar, sie habe die Nase voll von chaotischen Männern, die so lebensunfähig sind, daß sie an der langen Leine durchs Leben geführt werden müssen, aber, Kruzitürken, jetzt hat sie schon wieder den falschen Griff getan. Ruths führungsbedürftige, haltlose Chaoten bringen Pfeffer in ihr allzu starres Lebenskonzept, an dessen Enge und Eintönigkeit sie leidet.

»Eine verletzte Seele ist um Rettung bemüht«

Ganz zu schweigen von der armen Alice, die seit ihrer Scheidung immer nur mit nichtssagenden Typen zu tun hat. Der eine redete kein Wort mit ihr, der andere benützte sie nur als Verpflegungsstützpunkt für seine außerhäusigen Amouren. Den jetzigen muß sie viermal in der Woche als Alkoholleiche von irgendwo abholen. Ist das nicht Pech? Höchstwahrscheinlich nicht. Alice versucht mit ihrer unkritischen Partnerwahl ihre Angst vor dem Alleinsein zu heilen: Sie verliebt sich in jeden, der zu haben ist.

Warum dreht sich das ewig gleiche Beziehungskarussel neu mit wechselnden Personen? Sie können diese Situation mit dem Selbstheilungsversuch des Körpers vergleichen, Krankheitskeime durch Fieber unschädlich zu machen und die Gesundheit wiederherzustellen. Auch eine verletzte Seele bzw. eine schwache Persönlichkeit ist um Rettungsversuche bemüht.

Selbstheilungsversuche dieser Art können eine Balance der Persönlichkeit bewirken. Das ist aber nur dann möglich, wenn nur kleine Abweichungen ausbalanciert werden müssen. Sobald jedoch der Leidensdruck eines Menschen zu groß wird, weil er zum Beispiel ständig »gibt«, ohne etwas zu bekommen, sollte er weitere Selbstheilungsversuche bleiben lassen. Nicht ein immer größerer Einsatz läßt die Seele und gegebenenfalls auch die Beziehung gesunden, sondern die Auseinandersetzung mit dem verdrängten Konflikt, der die verzweifelten Selbstheilungsversuche überhaupt notwendig machte ...

TIP 45

Die Lustschere

Wenn hinsichtlich der sexuellen Bedürfnisse von Anfang an extreme Unterschiede bestehen, gibt es Probleme ...

»Mir genügt es nicht, wenn meine Frau einmal in zwei Monaten ihre ›eheliche Pflicht‹ erfüllt«, klagte kürzlich ein Mann in meiner Praxis. »Was soll ich in der Zwischenzeit tun?« Ja, was bleibt eigentlich? Selbstbefriedigung wäre eine Möglichkeit. Eine außereheliche Beziehung eine andere. Beide Kompromisse machen auf Dauer unglücklich und führen zu Entfremdung. Also auf zur Therapie!
Auch wenn der/die bedürfnislose PartnerIn zu einer Sexual- oder Paartherapie bereit ist, läßt sich Lust nicht so einfach unters Hemd jubeln: Erstens zeigt sich gerade im Sexuellen sehr viel Individuelles, das jeder Fremdbestimmung trotzt. Zweitens gibt es eben triebstärkere und triebschwächere Menschen. Derjenige, dessen Verlangen weniger drängend ist, muß nicht zwangsläufig einen seelischen Konflikt oder ein Partnerschaftsproblem haben. Natürlich kann die Sexualtherapie bei falschem Lernen, Informationslücken, Hemmungen oder sexuellen Störungen Erfolge bringen. Aber: Ein schwacher Trieb ist keine Störung und daher therapieresistent. Triebschwache Männer haben auch im Urlaub, also auch ohne Streß, wenig sexuellen Appetit. Und asexuelle Frauen werden nicht geiler, wenn sie von der Doppelbelastung Haushalt/ Beruf befreit sind.
Wenn zwei Liebende nur einmal im Quartal Lust haben, miteinander zu schlafen, ist alles paletti. Problematisch wird es, wenn der eine alle drei Monate will und der andere dreimal in der Woche. Falls eine so unterschiedliche Libido schon von Anfang an besteht, sehe ich auf Dauer schwarz für eine Beziehung. In der ersten Zeit der Verliebtheit tun Frauen oft dem Mann zuliebe »so als ob« und

heucheln mehr Lust, als sie tatsächlich haben. Auch triebarme Männer lassen sich anfänglich noch zu mehr Sex aktivieren. Aber dann! Kaum schleichen sich die normalen Alltagsabnützungen ein, leidet der Lustlose unter einer lästigen Überforderung und der Bedürftige unter unerträglicher Frustration. Ich habe schon gesehen, daß Frauen auf die sexuellen Erwartungen des Partners mit panischer Angst reagieren oder daß Männer Strategien der sexuellen Sabotage entwickeln und sich zum Beispiel nicht waschen, nur um sich vor der ehelichen Pflicht zu retten.

»Lustärmere Menschen stumpfen durch Gewöhnung schneller ab«

Die weitverbreitete Meinung, daß die Kraft der Liebe sexuellen Gleichklang schaffen werde, ist eine Illusion: Die sexuelle Schere wird mit den Jahren immer größer. Um so mehr, als lustärmere Menschen durch Gewöhnung noch dazu schneller abstumpfen. Außerdem erzeugen die ständigen Erwartungen des einen und die fortgesetzten Zurückweisungen des anderen ein gereiztes Klima, in dem die sexuellen Dissonanzen auf andere Partnerschaftsbereiche übergreifen.
Ich überschätze weder den Sex, noch plädiere ich für eine absolute Übereinstimmung der sexuellen Bedürfnisse. Ein gewisses Maß an Unterschiedlichkeit belebt die Phantasie und dynamisiert eine Beziehung. Aber wenn die sexuelle Bedürftigkeit zu weit auseinanderklafft, braucht man eine Überdosis Kompromißbereitschaft und Toleranz, um mit dieser Asymmetrie auf Dauer leben zu können. Wer dazu nicht bereit oder fähig ist, sollte sich lieber zeitgerecht an den alten Leitspruch halten: »Drum prüfe, wer sich ewig bindet, ob sich nicht etwas Besseres findet ...«

TIP 46

Stumm wie ein Fisch

Obwohl Rückmeldungen beim Sex wichtig sind, entringt sich der Brust kein Seufzer der Lust ...

Bitte schließen Sie die Augen und spitzen Sie die Ohren. Was hören Sie? Ein gutturales Stöhnen und Ächzen, richtig. Woher rührt es? Vielleicht vom übergewichtigen Herrn Müller, der seinen Urlaubskoffer im oberen Wandverbau verstaut? Uahh ... Uhh ... Oder von Thomas Muster, der Michael Chang besiegt? Hach ... ha .... Nein, vielleicht doch von Herrn Meier, der gerade mit Frau Meier zu höchsten Wonnen gelangt? Alles ist möglich. Wir stöhnen unter der Last eines Gewichtes ebenso wie bei einer sportlichen Anstrengung oder in der sexuellen Ekstase. Das heißt: Ausgerechnet dabei machen viele keinen Muckser.
Ein Jammer ist das, daß es uns ausgerechnet in Situationen, in denen man auf ein akustisches Feedback angewiesen wäre, die Kehle zuschnürt. Kein Stöhnen, kein Keuchen und keine Schreie geben dem Liebespartner Rückmeldung, ob das, was sie/er tut, wirklich ankommt. Ihr/sein sexuelles Handeln bleibt der Ungewißheit des Schweigens überlassen. Manche Männer wissen nicht, ob ihre Geliebte einen Höhepunkt hat oder nicht. Viele ahnen nicht, daß der eine oder andere Liebesakt besonders intensiv erlebt wurde.

»Kein Anschluß nach dieser Nummer«

»Meine Frau ist beim Sex stumm wie ein Fisch«, klagte ein Mann in meiner Praxis. »Ich weiß nach elf Jahren Ehe noch immer nicht, ob sie einen Orgasmus gehabt hat oder nicht.« Auch Männer schweigen sich aus, anstatt der zunehmenden Leidenschaft Ausdruck zu geben. »Beim Orgasmus röhrt er wie ein Hirsch«, sagte eine Frau über ihren Liebhaber. »Aber am Weg dahin kommt kein Ton über seine Lippen. Vielleicht macht ihm diese Art, wie wir miteinander schlafen, nicht wirklich Spaß?«

Ungewißheit beeinträchtigt nicht nur den Genuß und das sexuelle Selbstbewußtsein, sondern auch die allgemeine Kommunikation. Auf 1, 2, 3 ist auch außerhalb des Bettes Sendepause: »Kein Anschluß nach dieser Nummer ...«

Schade also um jedes noch so leise oder laute, wilde oder zarte Lustgeräusch! Das auditorische Feedback bestätigt nämlich, daß das, was man tut, richtig ist und Genuß und Verlangen erzeugt. Bleibt Bestätigung aus, tappt man im dunklen: Sind meine Zärtlichkeiten richtig? Kann ich die erotischen Sehnsüchte meines Partners überhaupt erfüllen? Oder lassen den anderen die wohlgemeinten Liebkosungen kalt? Zweifel dieser Art sind Lustkiller: Wer hat nicht schon Zärtlichkeiten abgebrochen, weil die/der Geliebte stumm wie ein Plumpsack blieb? Dagegen beflügelt schon der winzigste Laut die sexuelle Tatkraft und Phantasie. Egal, ob animalische Brunftschreie, unkontrolliertes Röcheln oder verzücktes Seufzen – jedes Lustgeräusch explodiert im Ohr des/der Partners/Partnerin und entfacht neuerliche Lust.

Natürlich ist mir klar, daß Neubauwohnungen nicht zu trommelfellsprengenden Lustschreien einladen. Aber heftigeres Atmen ist auch bei papierdünnen Wänden möglich. Und falls Ihre akustische Ausdruckskraft so stark ist, daß Nachbarn annehmen könnten, Sie stünden in Flammen – schreien Sie Ihre Lust einfach in einen Polster. Hemmen Sie sich nicht. Überlassen Sie es einem Polster, hemmend zu wirken ...

TIP 47

Du liebst mich nicht wirklich!

Es kann sehr mühsam sein, den anderen ständig von seiner Liebe überzeugen zu müssen ...

Obwohl sich David bemüht, Antoinette seine Liebe zu beweisen, zweifelt sie immer wieder daran. In jedem winzigen Fehlverhalten Davids sieht Antoinette einen Beweis dafür, daß er sie nicht wirklich liebt. Erinnert sie David daran, daß sie auf das zweite Stück Torte wegen ihrer empfindlichen Galle verzichten sollte, legt sie ihm seine Fürsorge als Unzufriedenheit mit ihrer Figur aus. Ist er zu ihrer Bürokollegin besonders freundlich, fühlt sie sich sofort zurückgesetzt: »Mit mir flirtest du nicht.«
Abgesehen davon, daß Antoinette in Davids alltäglichem Verhalten immer wieder Beweise für Gleichgültigkeit und mangelnde Liebe entdeckt, bleibt keine noch so schöne Liebesnacht ohne Wermutstropfen. Immer gibt es irgend etwas, das Antoinette als Zurückweisung oder als drohenden Liebesverlust auslegt. Antoinettes Wünsche an Davids liebevolle Zuwendung sind unermeßlich. Einmal ist er ihr zu wenig zärtlich, dann zu wenig aufmerksam oder zu wenig begeistert. Wenn David Antoinette entgegenhält, daß sie mit diesem Verhalten nichts dazu beiträgt, seine Zärtlichkeit zu stimulieren, legt sie auch diesen berechtigten Vorwurf als Angriff aus: »Ich weiß, ich kann dir nichts recht machen.«
David ist ehrlich genug zuzugeben, daß er vor vier Jahren, als er Antoinette kennenlernte, ihre Überempfindlichkeit als reizvollen Charakterzug empfand. »Sie ist meine Prinzessin auf der Erbse«, meinte er damals nachsichtig lächelnd über seine hübsche, zartbesaitete Freundin – die erste Frau übrigens, die es verstand, ihn »in Atem zu halten«. Antoinettes Überempfindlichkeit hält David auf Touren. Inzwischen ist er davon nur noch genervt und gestreßt.

»Sensibilität ist oft nur ein Vorurteil«

Kein Wunder: Einen Menschen immer wieder zu besänftigen und aufs neue davon zu überzeugen, daß man ihm durch und durch wohlgesinnt ist, kommt einer Sisyphusarbeit gleich. »Ich weiß nicht, ob ich das auf Dauer durchhalte«, meint David zu Recht. Davids begreifliche Frustration macht Antoinette nur noch eigensinniger: »Im Gegensatz zu David bin ich sensibel«, behauptet sie. Irrtum, Antoinette! Nicht Sensibilität macht aus Antoinette eine Prinzessin auf der Erbse, sondern eine automatische Reaktion. Dazu kommt es oft dadurch, daß ein tyrannischer Vater, eine egoistische Mutter oder ein allgemein liebloser Mensch, unter dessen Obhut ein Kind aufgewachsen ist, bei diesem später eine bestimmte Sichtweise auslöst: Ausgerechnet dem Menschen, dessen Liebe man sich als Erwachsener wünscht, wird das egoistische oder lieblose Wesen unterstellt, das man als Kind bei der Person wahrgenommen hat, auf deren Zuneigung man damals angewiesen war. Diese verhängnisvolle Neigung zum »Vor-Urteil« wird fälschlicherweise als »Sensibilität« empfunden.

Um den Vorwürfen übereifriger Feministinnen vorzubeugen – es gibt natürlich nicht nur Prinzessinnen auf der Erbse, sondern genauso viele männliche Mimosen. Für beide gilt: Wenn der Zweifel an der Liebe ausgerechnet bei jenen Menschen immer wieder auftaucht, die einem wohlwollend gegenüberstehen, wäre es sinnvoller, einen kritischen Blick auf die Geschichte des eigenen Verhaltens zu werfen ...

TIP 48

»Laß dich doch gehen!«

Beim Sex so richtig schwach zu werden, setzt Stärke voraus ...

Caroline gelingt es nicht, sich beim Sex gehenzulassen. Lukas läßt nichts unversucht. Er ist zärtlich. Er geilt seine Geliebte mit erotischer Literatur auf. Er verwöhnt sie mit raffinierten Liebestechniken. Vergebliche Liebesmüh. Kaum steigt Carolines Erregung an, reißt der erotische Faden auch schon wieder, und Caroline steht neben sich und schaut sich zu. Lukas kann sich damit trösten, daß er nicht der erste ist, der Caroline bittet und ermutigt, sich der Lust doch endlich ohne Wenn und Aber zu überlassen. Bisher gelang es keinem der Liebhaber von Caroline, die Ekstase mit ihr zu teilen. Dabei ist Caroline doch sonst anpassungsfähig und weich! »Sie ist durch und durch ein richtiges Weibchen«, schwärmt Lukas. »Warum ist sie ausgerechnet beim Sex so kontrolliert wie ein Mann im Alltag?«
Eben weil sie sonst so weich, angepaßt und aggressionsgehemmt ist! Eine Frau mit wenig Selbstwertgefühl und daher wenig Selbstbehauptung ist oft nicht hingabefähig. Je stabiler ihr Selbstwertgefühl und je durchsetzungsfähiger sie ist, desto weniger ist sie darauf angewiesen, beim Liebesakt durch betonte Bewußtheit die Kontrolle aufrechtzuerhalten: Sie muß ja nichts fürchten.

»Auch Männer sind orgastisch blockiert«

Bei Caroline verhindert das zwanghafte Bedürfnis nach Kontrolle, daß sie zusammen mit einem Partner zum Orgasmus kommt. Nur wenn sie alleine ist und sich selbstbefriedigt, erlebt sie einen Höhepunkt. Andere Frauen können nicht durch den Partner »kommen«, sondern nur, wenn sie selbst Hand anlegen. Ihren Körper und ihre Empfindungen dem Partner zu überlassen, ihn in aller

Ruhe »machen zu lassen«, das ist diesen Frauen wie Caroline unmöglich. Vielen Männern ergeht es nicht anders – auch sie sind orgastisch blockiert.

In therapeutischen Gesprächen stelle ich immer wieder fest, daß diese Hemmungen mit dem Ausleben des Sexualtriebes in Verbindung gebracht werden: »Ich kann mich eben nicht gehen lassen«, meint auch Caroline. Tatsächlich müßte sie sagen: »Ich bin einem Mann gegenüber nicht so unabhängig, daß ich meine Aufmerksamkeit nur auf meine sexuellen Empfindungen lenken und ihn dabei mehr oder weniger ausblenden kann.« Frauen wie Caroline sind in ihrem Wesen zutiefst verunsichert. Die sexuelle Erregung, bei der einem »Hören« und »Sehen« vergeht, wird für Menschen mit einem schwachen Selbstwertgefühl unbewußt zu einer Bedrohung. Sie fürchten, sich dem Partner auszuliefern, verachtet oder lächerlich gemacht zu werden. Dagegen erlaubt ein gesundes Selbstwertgefühl, sich ohne Angst vom Strudel der Leidenschaft treiben zu lassen. Durch die innere Gewißheit, daran nicht zu zerbrechen und nicht verletzt zu werden, kann die Kontrolle aufgegeben werden. Im Gegenteil: Für eine/n Liebende/n mit stabilem Selbstwertgefühl ist Selbstaufgabe keine Schwächung des Ichs, sondern eine Stärkung.

Anders gesagt: Die Gabe zur Hingabe läßt sich weder mit dem Willen noch mit sexuellen Kunstgriffen erzwingen. Um im Liebesrausch wirklich schwach werden zu können, muß man erst sein Ich stärken. Das ist eine mühsame, langwierige Sache. Beginnen kann man damit, die Hemmungen gegen die Hingabe zu erkennen. Wenn man das nicht tut, kommt man nicht weit ...

TIP 49

Wenn einmal nicht genug ist

Für ein zweites Liebesspiel ist ein Mann auf Unterstützungshilfe angewiesen ...

Das erste Mal ist eine klare Sache: Sie will und er will. Das zweite Mal ist schon komplizierter. Wenn die Beziehung noch taufrisch ist, wollen manchmal beide ein zweites Mal. Falls der Mann so kann, wie er will, ist alles paletti. Was aber, wenn das Paar nicht mehr taufrisch ist, »sie« noch ein zweites Mal will, »er« null Lust auf ein da capo hat? Oder: Er will zwar so wie sie, kann aber nicht.
Noch eine Möglichkeit: Ein Paar ist schon so lange ein Paar, daß ein zweites Mal bereits Legende ist. Soll man es da überhaupt noch in Erwägung ziehen? Unbedingt! Gerade reifere Beziehungen bekommen durch ein Liebesspiel, das an die erste Zeit der Leidenschaft erinnert, erotischen Auftrieb. Wie immer – nahezu alle Varianten des zweiten Mals haben einen gemeinsamen Nenner: Erstens die Freude an einem weiteren sexuellen Zusammensein, das nicht unbedingt mit einer vollen Erektion und einem zusätzlichen Orgasmus verbunden sein muß, zweitens die aktive Beteiligung der Frau.
Wenn es um zusätzliche genitale Freuden geht, ist nicht »Abwarten und Teetrinken« die Devise, sondern aktiv und einfühlsam sein. Ein rundum gesättigter Mann braucht die Stimulation der Partnerin wie ein Auto das Benzin. Bevor Sie die Sache in die Hand nehmen, sollten Sie Ihrem Partner eine halbe Stunde Zeit lassen, um Kräfte zu sammeln. Auf verfrühte Liebkosungen reagieren befriedigte Männer mit Überempfindlichkeit.
Die verläßlichste wiederbelebende Wirkung haben Zärtlichkeiten mit der Hand oder den Lippen. Aber dringen Sie nicht gleich direkt zum Ort des Geschehens vor. Selbst jene Männer, die liebe-

volle Umwege normalerweise nicht schätzen, empfinden beim zweiten Mal einen zärtlichen Auftakt wohltuend. Die meisten Liebesdiener nehmen dabei zumindest mittelmäßig Haltung an. Das reicht! Erstens kann auch ein halb erigierter Penis eindringen. Zweitens ist es für viele Frauen sehr erregend, sich von einem »soften« Liebesorgan stimulieren zu lassen. Drittens gibt es nicht wenige Frauen, die bei einer linden Vereinigung leichter zum Höhepunkt kommen als durch ein knochenhartes Glied, das eher schmerzt als stimuliert. Viertens kann die Vagina einen elastischen Penis besser umfassen und durch Muskelkontraktionen stärken wie einen stählernen Pfeil.

»Jeder weiß selbst am besten, wie er ins Finale kommt«

Falls es bei der schwachen Erektion bleibt und »sein« Orgasmus in Schwerarbeit ausartet, kann das zweite Mal so beendet werden, wie es anfing – mit Händen oder Lippen. Wenn auch das nicht klappt und der Mann auf einen Höhepunkt Wert legt, spricht nichts dagegen, daß er sich selbst den letzten Schub dazu gibt. Schließlich weiß jeder selbst am besten, wie er ins Finale kommt. Nur keine Skrupel vor dieser ebenso intimen wie vertrauensvollen Handlung! Sie ist für beide aufregend und stärkt die sexuelle Bindung.
Natürlich sollen Sie keinen falschen Ehrgeiz entwickeln und auf Sexrekorde aus sein. Aber wenn das gewisse Etwas in der Luft liegt, das eine zusätzliche erotische Erfahrung möglich macht, sollten Sie die Chance wahrnehmen. Es ist nie vergebliche »Liebesmüh«, sich miteinander zu vergnügen! Sinnliche Freuden, die man außerhalb des 08/15-Funktionierens aneinander hat, zählen doppelt ...

TIP 50

Training für die Lust

Besserer Kreislauf, bessere Hormonproduktion, besseres Körpergefühl – daran dürfen Sie höchste sexuelle Erwartungen knüpfen ...

Was haben Sie im Urlaub vor? Endlich einmal auf der faulen Haut zu liegen? Nichts zu tun? Alle viere von sich zu strecken? Oje, für das heimische Liebesspiel ist das kein Vorteil. Solange Sie Ferien haben, läuft Ihr Sex natürlich besser als zuhause. Aber kaum stecken Sie im Alltagstrott, ergeht es Ihrem Sexleben wie dem Börsenkurs: Tendenz fallend. Nützen Sie doch den Urlaub dazu, Ihren Körper für die Lust zu trainieren! Fitneß und guter Sex haben nämlich soviel miteinander zu tun wie Gulasch und Paprika ...

»Leichter, dafür länger ist die Devise«

Durch körperliches Training wird der Herzmuskel gestärkt, dadurch nimmt die Ausdauerfähigkeit zu, und das Heimspiel muß wegen Ermattung nicht zu früh beendet werden. Man »kann« dadurch nicht nur länger, sondern auch abwechslungsreicher. Schließlich steckt in der muskulären Spannung, die mit jeder sportlichen Betätigung verbunden ist, ein geradezu alarmierender sexueller Symbolismus: Die »Muskelsprache« weckt Assoziationen zur körperlichen Liebe und erzeugt über diesen Umweg Lust. Noch ein Argument spricht für ein körperliches Training: Durch sportliche Betätigung wird die Keimdrüsentätigkeit und damit der sexuelle Appetit angeregt. Wer sich zu einem »dosierten workout« mit etwa 60 % der Leistungskapazität aufrafft, wird sogar mit einem unmittelbaren Lustschub belohnt! Schon nach einer kurzen Verschnaufpause wird ein deutlicher sexueller Antrieb verspürt. Verbissenes Auspowern beim Sporteln ist nicht nur überflüssig, sondern sogar enterotisierend. Wenn jedes Glied schmerzt, ist man zu weiteren Leibesübungen nicht mehr motiviert. »Leichter, dafür länger« ist die Devise. Sollten Sie den Sport ernst nehmen und sich sogar auf Wettkämpfe einlassen, interessiert Sie natürlich die Frage, wie sich umgekehrt der Sex auf sportliche Leistungen auswirkt. Gut, Sportskameraden, gut! Schweizer Mediziner stellten fest, daß Sex die Leistungskapazität steigert. Nur Sex unmittelbar vor einem Kampf verlängert die Erholungsfrist und führt früher zu Ermüdung.

Ideal ist es, ein Fitneß-Training zu betreiben, das nicht nur den Körper, sondern auch die Sinne aktiviert – z. B. Tanzen. Bei den rhythmischen Bewegungen werden Beine und Füße besser durchblutet, Wirbelsäule und Becken gelockert, die Schulterpartie entkrampft und die Sauerstoffzufuhr zum Gehirn erhöht sich um etwa zwanzig Prozent. Das rhythmische Körpererleben macht nicht nur für eigene körperliche Bedürfnisse sensibel, man nimmt auch den Körper des Partners und dessen sinnlichen Signale bewußter wahr. Tanzen verführt seit Menschengedenken zu guter Laune, Sex und Lust. Im Hirnstamm befindet sich nämlich ein Aktivierungszentrum, das durch den Überträgerstoff Nor-Adrenalin erregt wird. Durch entsprechende Tonfolgen wird diese Substanz freigesetzt, und die daraus resultierende erhöhte Hirnaktivität äußert sich als Vitalgefühl und Lebenslust.

Also: Packen Sie Ihre Turn- und Tanzschuhe in den Urlaubskoffer und machen Sie sich ohne falschen Ehrgeiz auf den Weg zu einem neuen Körpererleben und besseren Sex ...

TIP 51

Die Magie der ersten Nacht

Warum ausgefallene Sexspielchen beim ersten Mal tabu sein sollten...

Was für eine Nacht! Die Luft ist samten und warm, der sommerliche Abendhimmel übersät mit Sternen. Das erste Mal steht bevor. Seit Wochen träumt »sie« von sehnsüchtigen Küssen, von Händen, die sie suchen und finden. So war es auch in den ersten Minuten. Ihr Herz und ihr Körper jubelten. Und dann das: »Laß dich fesseln«, flüsterte der Liebhaber und holte unter dem Kopfpolster eine Krawatte hervor, der man bereits mehrfache Fesselungsrituale ansah. Die Magie war gebrochen, die Stimmung beim Teufel.
So attraktiv, temperamentvoll und potent kann kein Liebhaber sein, daß ihm die Sünde der Kaltschnäuzigkeit nachzusehen wäre. Auch wenn eine Frau nicht prüde und für ausgefallene Spielchen durchaus zu haben ist – beim ersten Mal sollten sexuelle Extravaganzen tabu sein. Im ersten Liebesakt steckt so viel emotionaler Aufruhr, so viel Staunen und Atemlosigkeit, daß zusätzliche Hilfsmittel oder Accessoires beleidigend sind. »Reicht die erste Begegnung mit meinem Körper, meiner ureigensten sexuellen Erlebnisweise nicht aus, um Leidenschaft zu entfachen?« fragt man sich zu Recht. War das Verlangen mit mir eins zu werden so flach, daß Fesselungsutensilien oder Sexfilme die Gier hochputschen müssen?
Viele Liebende lernten die Lektion vom kreativen Sex zu brav: Anstatt sich beim ersten Mal ganz und gar im anderen zu verlieren und sich ohne Wenn und Aber aufeinander einzulassen, wird ein Szenario kreiert, das von dem, was man noch nicht einmal kennengelernt hat, ablenkt oder es gar verhindert. Die erotischen Schmankerln, die einer vertrauten Liebesbeziehung eine erregende

und verbindende Dimension geben können, wirken beim ersten Mal nur trennend. Wer weiß nicht, daß in einer längeren Partnerschaft erotische Extras die Besonderheit eines Augenblicks ausmachen. Aber das erste Mal ist die Besonderheit des Augenblicks! Ein erotisches Extra zu diesem Zeitpunkt unterstreicht nicht das Besondere, sondern stellt es in Frage.

»Beim ersten Mal will man sich nur schön altmodisch vereinigen«

Daß es höchst reizvoll sein kann, die eine oder andere Filmszene nachzuempfinden und zum Beispiel einen Eiswürfel über heiße Haut gleiten zu lassen, eine kleine Sadomasoszene zu inszenieren oder sich in einem mannshohen Spiegel zu beobachten, bestreite ich nicht. Aber nicht beim ersten Mal! Ich bin mir ganz sicher, daß jede/r wirklich Verliebte enttäuscht und traurig ist, wenn sie/er schon beim ersten Mal zu Kreativ-Sex-Schmankerln animiert wird. Man muß kein hoffnungsloser Romantiker sein, um sich dazu zu bekennen, daß man beim ersten Mal nichts anderes will, als sich schön altmodisch zu vereinigen.
Natürlich hat jeder ab und zu Appetit auf eine kleine, handfeste Schweinerei. Aber wenn schon die Premiere unter dieser Devise steht, weiß man, was es geschlagen hat: Tiefere Gefühle sind nicht gefragt! Bei einem ausgebufften Fesselungsritual oder einem rasanten Stellungswechsel vor dem Spiegel wird zwar sexuell gehandelt, aber meist nicht sexuell gefühlt. Das ganze Bemühen bleibt oft seltsam theoretisch und ebenso unwirklich wie die Phantasien, mit denen man in einsamen Stunden sexuelle Rasereien vorwegnimmt ...

TIP 52

Schweigen ist Gold

Wer sexuelle Freiheiten in Anspruch nahm, sollte mit nachträglichen Skrupeln alleine fertig werden ...

Wilfried war anders als sonst. Kein Wunder, daß Rita nicht locker ließ: »Bist du fremdgegangen? Sag es mir! Mit der Wahrheit werde ich fertig. Eine Lüge steht zwischen uns.« Wilfried atmete auf und gestand: »Es war nur ein einmaliger Ausrutscher. Nicht der Rede wert.« Akzeptiert! Nur eins hätte er unter diesen Umständen tun sollen: schweigen.

Auch wenn er zu dem Geständnis gedrängt wird – wenn man etwas für sich behalten will, behält man es auch für sich. Man sendet dann auch nicht jene stummen Signale, aus denen ein/e feinfühlige/r PartnerIn die Wahrheit erfährt, ohne daß sie ausgesprochen wurde.

»Die meisten beharren nur nach außen hin auf der Wahrheit«

Ein Seitenspringer, der seinem/seiner PartnerIn die Wahrheit auf diese oder andere Weise aufdrängt, handelt meist aus Schwäche oder unbewußter Feindseligkeit. Vielleicht will man dem/der PartnerIn durch diese »Aufrichtigkeit« wissen lassen, daß man von einem/einer anderen mehr begehrt wird. Vielleicht wollte man sich mit diesem Seitensprung beweisen, doch nicht so abhängig von der bestehenden Beziehung zu sein. Das Geständnis soll dann die schmerzlich erlebte Zerstörung der Einheit wenigstens im gemeinsamen Wissen wiederherstellen. Aber vielleicht drückt nach einem flüchtigen Abenteuer nur das schlechte Gewissen und man will die Last weiterreichen?

Was auch der Grund sein mag – Sie sollten Ihre/n Liebste/n mit einem falschen Ehrlichkeitsfimmel verschonen. Wenn der Seitensprung das Indiz einer gestörten Beziehung ist, geht es natürlich nicht ohne Offenheit. Ist die Partnerschaft intakt, bringt die Wahrheit nur Zores. Sie haben den Spaß alleine gehabt, Sie sollten ihn auch in Ihrer Brust verschließen – mitsamt den seelischen Blähungen, die Sie möglicherweise dabei plagen.

Ich habe außerdem die Erfahrung gemacht, daß die meisten Liebenden ohnedies nur nach außen hin auf der absoluten Wahrheit beharren. Sie beteuern zwar so wie Rita: »Gestehe mir alles! Ich werde mit der Wahrheit leichter fertig als mit Lügen.« Aber sie meinen: »Gestehe mir nichts, wenn es nicht wert ist, eingestanden zu werden!« Im übrigen ist es alles andere als leicht, mit einem Geständnis fertig zu werden. Wie immer zum Beispiel eine Frau auf eine Beichte reagiert, steckt sie in der Zwickmühle. Ist sie zornig oder verletzt, muß sie den Vorwurf hinnehmen, auf eine schwierige, von Herzen kommende Beichte mit zuwenig Einfühlungsvermögen zu reagieren. Wahrscheinlich muß sie auch gleich die Drohung schlucken, daß ihr bei dieser unreifen Haltung in Zukunft das wahre Ich des Partners verborgen bleiben wird und sie nicht mehr mit soviel Offenheit rechnen darf. Reagiert sie mit Toleranz, schürt sie beim anderen die Angst, nicht ausreichend begehrt und geliebt zu werden. Oder der Hallodri betrachtet ihre Milde als Freibrief für künftiges ungezügeltes Wildern.

Abgesehen von den nachträglichen Komplikationen eines Geständnisses, hat jeder Mensch – auch wenn er seit Jahren fest gebunden ist – ein Anrecht auf eigene Erfahrungen, die ihm ganz alleine gehören. Waren sie schön, tut ein Geständnis nur weh. Waren sie belanglos, würde ihnen eine Beichte viel zuviel Bedeutung verleihen ...

TIP 53

Lob dem Venushügel

Unterschätzen Sie nicht die sexuelle Potenz, die in der lieblichen Wölbung des Venushügels steckt ...

Sie brauchen keinen Kompaß und müssen weder ein Wandervogel noch ein Bergsteiger sein, um einer Landschaft mehr Aufmerksamkeit als bisher zu schenken: dem Venushügel. Was für ein poetischer Name für ein Stück weiblicher Anatomie! Und was für eine brisante, leider viel zu unterschätzte erogene Zone ...
Nicht nur viele Männer, auch viele Frauen gehen mit dem Venushügel so um, als wäre er radioaktiv, nämlich gar nicht. Alle Aufmerksamkeit gilt der Klitoris, die der gelehrige Mann mit einem geradezu wilden Eifer buchstäblich in Angriff nimmt. Schmerz laß nach! Lustvoller und zielführender wäre es, sich zärtlich mit dem Venushügel zu befassen. Für den Fall, daß Sie schon längst vergessen haben, worum es sich dabei handelt, frische ich Ihren erotischen Orientierungssinn gerne auf.
Der Venushügel ist der dekorativ gewölbte Fettpolster über dem weiblichen Schambein. Machen Sie doch einen Vergleich: Dem männlichen Schambein fehlt die barocke Fülle. Daß das männliche Schambein beim Liebesakt oft weitaus mehr Funktion hat als der göttliche Penis, ist auch nicht allen bekannt. Aber davon später.
Der Venushügel hat bei der Missionarsstellung – Sie wissen schon, Frau unten/Mann oben – nicht nur die Funktion eines Stoßdämpfers. Er ist auch so etwas wie ein Ballungszentrum der Lust.

»Der Venushügel reagiert dankbar auf Berührungen«

Da der Venushügel verschwenderisch mit Verbindungen zu jenen Nervenenden ausgestattet ist, welche die für den Orgasmus notwendigen Lustimpulse geben, reagiert er prompt und dankbar auf

Berührungen. Wenn ein Mann den Venushügel der Geliebten mit der flachen Hand hält oder mit einem Vibrieren der Handfläche verwöhnt, beschleunigen und verstärken diese indirekten Liebkosungen oft den Höhepunkt. Auch die Stimulation der Klitoris löst einen rascheren und vor allem einen lustvolleren Orgasmus aus, wenn der Handballen oder die hohle Hand gleichzeitig am Venushügel liegt, während der Mittelfinger seinen Liebesdienst tut. So Schwarz auf Weiß klingt das zwar kompliziert, aber in Wirklichkeit ist es ein Kinderspiel, das jeder Mann schon beim ersten Mal zuwege bringt. Natürlich reagieren nicht alle Frauen gleich. Manche mögen diese subtile Form der Stimulation bei geschlossenen Schamlippen und ohne direkte Einbeziehung der Liebesperle. Manche schätzen sowohl das eine als auch das andere. Ausprobieren!

Jetzt noch der versprochene Nachtrag zum männlichen Schambein: Beim Liebesakt von Angesicht zu Angesicht gibt das Schambein des Mannes in der Mehrzahl der Fälle den letzten Schub zum Orgasmus der Frau. Auch wenn diese Tatsache phallusverliebte Männer stört, ist es doch so, daß die Lage der männlichen und weiblichen Genitalorgane zueinander für den Orgasmus der Frau denkbar ungünstig ist. Dieses Minus in der Anatomie kann ein Mann mit seinem Schambein wettmachen. Indem er es durch leichten Druck gegen die gesamte Klitoriszone in den Verkehr mit einbezieht, kann er damit leichter als mit seinem Penis, der einen Neigungswinkel von 26° über der Horizontalen hat, einen Höhepunkt der Partnerin auslösen.

Das war's, was ich Ihnen auf den Weg zu neuen Gipfeln der Lust als Proviant mitgebe. In diesem Sinne: Gute Reise ...

TIP 54

Die Kraft des Kuschelns

Wir suchen zeitlebens nach Liebe, um beim Kuscheln die Erfahrung der vorgeburtlichen Einheit wiederzufinden ...

Wie kuscheln Sie? Ihr Po drückt sich gegen seinen Bauch, seine Arme umschlingen Ihren Oberkörper? Oder: Gesicht zu Gesicht, Beine und Arme ineinander verschränkt? Gleichgültig, wie Sie kuscheln – Hauptsache, Sie tun es. Beim Kuscheln können Sie Kraft tanken, Ängste abbauen, Ruhe finden, Gefühle der Behaglichkeit aktivieren und sogar Lust auf Sex entwickeln.
Die Wirkungskraft des Kuschelns und das intensive Bedürfnis danach kommen nicht von ungefähr. In jedem von uns steckt eine biologische Erinnerung an eine Einheit, in der wir, wie Sigmund Freud es nannte, von einem »ozeanischen« Gefühl der Befriedigung und Geborgenheit erfüllt waren: Die vorgeburtliche Zeit, in der Sie eins mit Ihrer Mutter waren, bleibt lebenslang bestimmend für Ihr Kuschelbedürfnis. Der Mutterschoß ist für das ungeborene Kind ein behagliches Nest, in dem es sicher und geschützt reifen kann. Dieses Nest stellen wir beim Kuscheln immer wieder aufs neue her. Manche Liebespaare reden sogar vom »Nesterl machen«, wenn sie schlafen gehen und kuscheln meinen. Meine chinesische Freundin Jo Mai erzählte mir, daß die Chinesen, im Wissen um die Bedeutung des intrauterinen Nestes, dieses als wahren Geburtstag eines Kindes betrachten.
Ich kenne Frauen, die mit ihrem Mann oft nur deshalb ins Bett gehen, weil sie »vorher« oder »nachher« ihre Sehnsucht nach dem Kuscheln stillen können. Ich weiß auch von Männern, die nach außen hin ein schnelles Abenteuer suchen, aber in Wahrheit scharf aufs Kuscheln sind. Und nicht wenige Paare trennen sich nur deshalb nicht, weil sie dann kein »Bedarfsobjekt« zum Kuscheln hätten. Kinder haben ein »Kuscheltier«, und Alleinstehende be-

nutzen im Schlaf unbewußt einen Polster oder die Decke zum Kuscheln.

»Das kuschelnde Paar überwindet die Last des Alleinseins«

Ein Experiment der amerikanischen Forscher Harlow & Harlow beweist, daß das elementare Kuschelbedürfnis sogar größer als das Nahrungsbedürfnis ist. Harlow & Harlow trennten Affenbabies unmittelbar nach ihrer Geburt von ihren Müttern und stellten ihnen zwei Ersatzmütter zur Verfügung. Eine »Mutter« aus Draht, von der die Affenbabies jederzeit Milch bekommen konnten, und eine »Mutter«, die mit einem weichen Stoff überzogen war. Dreimal dürfen Sie raten, welche Mutter die Affenbabies bevorzugten. Natürlich die weiche Mama, mit der sie kuscheln konnten. Sie lösten sich immer nur dann kurzfristig von ihr, wenn der Hunger unerträglich wurde.

Zumindest diesbezüglich ist zwischen Affenbabies und Menschen kein Unterschied. Auch der Mensch fühlt sich beim Kuscheln geborgen und genießt vorübergehend die Illusion, daß die Distanz zum anderen überbrückt ist. Als im Moment der Geburt die verschmelzende Einheit mit der Mutter ein Ende fand, erwachte nämlich gleichzeitig das Bedürfnis, diesen Zustand wiederherzustellen. Das kuschelnde Paar ist der biologische Ausdruck der menschlichen Sehnsucht, die Last des Alleinseins zu überwinden.

Es ist sicher falsch, wenn der Wunsch nach dem Kuscheln oder das Kuscheln selbst »Liebe« genannt wird. Nüchtern betrachtet, handelt es sich um ein grundlegendes Bedürfnis nach Sicherheit und Angstfreiheit. Aber richtig ist, daß die Liebe das ideale Medium ist, mit dessen Hilfe dieses Urverlangen gestillt werden kann ...

TIP 55

Zuckerbrot und Peitsche

In einem Wechselbad der Gefühle gedeiht die romantische Liebe ...

Heute ist sie zärtlich, morgen eiskalt. In einem Moment ist er weich und lieb, im anderen verletzend und hart. Obwohl diese Kalt-Warm-Methode zutiefst verunsichert, verzehrt man sich vor Liebe ...
Habe ich »obwohl« gesagt? »Gerade weil« müßte es heißen! Gerade weil wechselhafte Gefühle eines Partners Unsicherheit und Angst auslösen, wird die Liebe zu ihm simuliert. Die Wurzeln zu diesem Mechanismus werden in der frühesten Kindheit gelegt: Jedes kleine Wesen ist hilflos und auf eine Bezugsperson angewiesen. Egal, ob einen winzigen Wurm nun Hunger oder Durst quälen, ob ihn friert oder ob er Nähe braucht – immer macht er die Erfahrung, daß seine Angst, nicht »gerettet« zu werden, nur durch die Mutter oder eine andere Bezugsperson beendet werden kann. Diese Koppelung von Angst und Zuwendung verläßt einen Menschen nie mehr. Die amerikanische Psychotherapeutin Jane Goldberg entdeckte sie sogar in den Kinderspielen: »Guck-guck, wo bin ich?« fragt ein Erwachsener und versteckt sich. Unmittelbar darauf wird das Kind von seiner kribbelnden Angst erlöst: »Da bin ich!« Ein Baby juchzt, weil es gekitzelt wird. Aber in seinem vergnüglichen Quietschen schwingt gleichzeitig Furcht mit: »Hörst du auch auf, bevor es mir unangenehm wird?« Oder: Ein kleines Kind wird in die Luft geworfen. Es schreit vor Lust und Angst, schließlich ist es nicht ganz sicher, ob es wieder aufgefangen wird. Alle diese frühkindlichen widersprüchlichen Eindrücke erzeugen die Bereitschaft, auch als Erwachsener auf das Muster der Angst-Liebe-Koppelung mit heftigen Emotionen zu reagieren. Das Wissen um dieses Phänomen ist seit Jahrhunderten bekannt. Zum Beispiel beruht die berühmt-berüchtigte Gehirnwäsche der Militärs

darauf. Im Koreakrieg wurden US-Gefangene erst gequält, dann getröstet und gepflegt. Es dauerte nicht lange, und die Gefangenen waren den freundlichen Koreanern hündisch ergeben. Auch Versuche der Verhaltensforschung beweisen die Wirksamkeit der Zuckerbrot-und-Peitsche-Methode: Drei Versuchsgruppen mußten Vokabeln lernen. Eine Gruppe wurde gleichmäßig belohnt, die andere gleichmäßig bestraft, die dritte unregelmäßig belohnt und bestraft. Sie erbrachte mit großem Abstand die besten Leistungen.

»Gehirnwäsche und Hörigkeit beruhen auf demselben Prinzip«

Sogar das Phänomen der Verliebtheit konnte mit dem Kalt-Warm-Prinzip im Labor erzeugt werden. Man mußte dazu nur einen Menschen isolieren, verwirren, schlecht behandeln und sich ihm dann freundlich zuwenden. Aber die aus einer angstvollen, kindlichen Abhängigkeit entstehenden positiven Emotionen für einen Peiniger sind trotz ihrer Ähnlichkeit mit Liebesgefühlen destruktiv. Das Hörigkeitsverhältnis, in dem ein Mensch gedemütigt wird und darauf auch noch mit dankbarer Zuneigung reagiert, ist typisch dafür.
Die Angst-Liebe-Koppelung wirkt aber auch in einer normalen Liebesbeziehung: Wer hat nicht schon am eigenen Leib verspürt, daß der vertraute Partner immer dann besonders reizvoll und begehrenswert wird, wenn man sich seiner Gefühle nicht ganz sicher ist. In solchen Situationen scheint es zwar, als ob man sich vor Liebe verzehrt, doch in Wahrheit geht es um einen selbst: Die Zuwendung, um die man mit allen Mitteln kämpft, soll das Selbstwertgefühl zurückgeben, das durch das Desinteresse des anderen zerstört wurde ...

TIP 56

Die dritte Dimension der Lust

Immer mehr Frauen und Männer bekennen sich dazu, sowohl hetero als auch homo zu sein ...

Sie genießen es mit Männern, es gefällt ihnen aber auch mit Frauen. Sie stehen auf Bizeps, aber auch Busen erregt sie. Kein Wunder, daß bisexuelle Frauen und Männer die Phantasien der »Normalen« anregen. Manche sind von der Fähigkeit zum doppelten Genuß magisch angezogen, andere abgestoßen. Wie immer – das Thema ist »in«. 1990 gab es den ersten Kongreß über »Bisexualitäten«. Jedes Jahr werden Frauen und Männer hinsichtlich ihrer bisexuellen Neigungen aufs neue befragt. Ich warte nur darauf, daß sich die nachmittäglichen TV-Shows damit befassen. Vielleicht nach dem saloppen Motto: »Ein bißchen bi schadet nie.« Aber schadet es wirklich nicht? Ich habe in meiner Praxis eine andere Erfahrung gemacht: Viele Bisexuelle fühlen sich wie Wanderer zwischen zwei Welten.
Bisexualität wird nicht anhaltend ein ganzes Leben lang ausgelebt, sondern es wechseln monosexuelle Phasen mit bisexuellen Abschnitten. Dadurch sind die meisten Bisexuellen innerlich zerrissen und fragen sich immer wieder: »Wohin gehöre ich eigentlich?« Normale Außenstehende betrachten Bisexuelle oft als hemmungslos oder abwegig. Gleichgeschlechtlich Liebende unterstellen ihnen mangelnden Mut, sich zu einer schwulen oder lesbischen Veranlagung zu bekennen. Bei Paaren quält den ausgeschlossenen Dritten im Bunde die Frage, was die beiden Gleichgeschlechtlichen wirklich zueinander treibt. Die Bisexuellen suchen verzweifelt nach einer gültigen Erklärung für die Entstehung ihrer Veranlagung. Bis heute konnte noch keine unanfechtbare Erklärung gegeben werden. Alle Ansätze – Hormontheorien, genetische und lebensgeschichtliche Erklärungen – sind letztlich lückenhaft.

»Die gleichgeschlechtliche Neigung wird nur verdrängt«

Neuere Untersuchungen sprechen davon, daß 10 bis 30 % der sexuell aktiven Menschen als bisexuell zu bezeichnen sind. Das entscheidende Kriterium dafür ist aber nicht ein einmaliges Ausprobieren. Ein »echter« bisexueller Mensch fühlt sich nur dann sexuell erfüllt, wenn er zu beiden Geschlechtern eine Beziehung hat. Das Coming-out der Bisexuellen hat gesellschaftspolitische Hintergründe: Die sexuelle Revolution stürzte überholte Sittlichkeitsbilder, und plötzlich tat sich zwischen den zwei Polen der erlaubten Hetero- und der verbotenen Homosexualität eine dritte Dimension der Lust auf: die Bisexualität.

Wissenschafter sind sich darin einig, daß in jedem Menschen in einem unterschiedlichen Mischungsverhältnis homosexuelle und heterosexuelle Regungen stecken. Durch die kulturelle Prägung wird die gleichgeschlechtliche Neigung nur verdrängt. Manche Bisexualitäts-ForscherInnen, wie zum Beispiel Charlotte Wolff, meinen sogar, daß eine einzige ausgeprägte Neigung, also nur Homosexualität oder nur Andersgeschlechtlichkeit eine Verarmung der ursprünglichen Bisexualität darstellt.

Trotzdem: »Bi« zu sein, ist kein Spaß. Im Gegenteil. Heute müssen Bisexuelle sogar mit einer offeneren Diskriminierung rechnen als die Schwulen. Denn im Gegensatz zu diesen brechen sie immer wieder in die vermeintlich saubere Welt der normalen Heteros ein. Hier aktivieren sie nicht nur AIDS-Ängste, sondern auch die Angst vor den eigenen verdrängten Wünschen ...

TIP 57

Ein Ultimatum ist das Letzte

Ohne Verwirklichung der angedrohten Konsequenzen eines Ultimatums zur Tagesordnung überzugehen bedeutet, die Fäden endgültig aus der Hand zu geben ...

»Ich gehe«, schreit Helga durch die geschlossene Schlafzimmertür. »Mir reicht's!« Stille. Nach einer Weile Pauls ruhige Stimme aus der Küche: »Ich halte dich nicht.« »Ich packe meine Sachen!« kreischt Helga. Minuten später kauert sie mit einem flüchtig gepackten Koffer im Taxi: »Wohin geht's, Gnä' Frau?«
Ja, wohin eigentlich? Zur Mutter nicht, das wäre ihr unerträglich. Da ist die Freundin schon besser. Während der Fahrt fällt Helga ein, daß die Freundin bei der Schwester ist, die gerade ein Kind bekommen hat. Also zum Bahnhof, dem Ort der Heimatlosen. Da sitzt sie dann und denkt nach. Wo soll sie Unterschlupf finden? Und für wie lange? Schecks und Kreditkarte hat sie dummerweise im Schreibtisch gelassen. Das bißchen Bargeld würde höchstens für eine Nacht im Hotel reichen. Nach einer Stunde Zugluft sieht die Welt anders aus. Paul ist ja gar kein schlechter Kerl, überlegt Helga. Er wird seine Lektion gelernt haben und jetzt zitternd mit einer Flasche Wein auf sie warten. Wieder ins Taxi und ab nach Hause. Die Wohnung ist dunkel, am Spiegel klebt ein Zettel: »Bin mit Otto auf ein Bier gegangen. Gulasch ist im Mikro. Schlaf gut.«
So etwa sieht die harmlose, spontane Version einer Drohung aus. Unangenehmer ist es, wenn ein Ultimatum als letzte Möglichkeit gegeben wird, eine festgefahrene Beziehung zu beeinflussen: »Bis Ende April mußt du wissen, ob wir heiraten oder nicht«, sagte Brigitte. »Wenn nicht, ist es aus.« Heute ist der 30. April und von Heirat ist ebensowenig die Rede wie vom Ende der seit 14 Jahren bestehenden Beziehung. Brigitte hätte das wissen müssen, denn es

war nicht das erste Ultimatum, das sie gegeben und er ignoriert hatte. Ihr Dauerfreund fühlt sich durch Brigittes »letzte Termine« gar nicht mehr unter Druck. Bei Georg ist es ähnlich. Er setzt seiner Freundin Sabine schon das dritte Mal ein Ultimatum, damit sie sich endlich für ihn oder den anderen Mann entscheidet.

»Jedes Ultimatum ist ein Risiko«

Sie haben sicher schon erkannt, was ich sagen will: Stellen Sie kein Ultimatum, wenn Sie nicht fest entschlossen sind, einen Konflikt – so oder so – zu beenden, der für Sie nicht mehr tragbar ist. Ein Ultimatum stellt man nicht aus Ärger, nicht aus Ungeduld und schon gar nicht, um sich einmal anzuschauen, was sich tut, wenn man ihr oder ihm das Messer ansetzt.
Wenn es einerseits falsch ist, ein Ultimatum zu früh oder aus zu wenig schwerwiegenden Gründen zu setzen, gibt es andererseits bestimmte Symptome, wann ein Ultimatum fällig wäre. Das ist immer dann der Fall, wenn die Gedanken immer nur um den einen unerledigten Konflikt kreisen. Wenn die Stimmung aus einem Dauertief nicht mehr herauskommt. Wenn jede Diskussion in einem Streit um dieses eine ungelöste Thema endet. Wenn im Vergleich zu früher das Selbstwertgefühl gesunken ist. Unter solchen Umständen kann ein Ultimatum die beste Lösung sein – auch wenn derjenige, der unter Druck gesetzt wird, den schmerzlichen Konflikt löst, indem er die Beziehung beendet. Das ist ein Risiko, gewiß. Falls Sie nicht konsequent tun, was Sie androhen, wird das Ultimatum zur Kapitulation, mit der Sie sich in den Zustand fügen, den Sie eigentlich beenden wollten ...

TIP 58

Wenn jeder Streit im Bett endet

Richtig gestritten wird erst seit der Erfindung der Liebesehe. Aber nur wenige Paare sind wirklich streit- und konfliktfähig ...

Wenn sich zwischen meiner seligen Großtante Gerda und Großonkel Leopold ein Streit anbahnte, griff sie nach seiner Hand und sagte mild: »Denk an dein Herz, Leopold.« Woran Onkel Leopold wirklich dachte, weiß ich nicht. Jedenfalls schluckte er seine Lust auf einen Streit hinunter: »Ist ja gut, Gerda.« Leider versäumte ich es, die beiden zu fragen, wie sie in ihren jungen Jahren stritten. Vermutlich gar nicht. Damit entsprachen sie der längst nicht mehr geltenden Sozialnorm, daß Konflikte »beschwiegen« werden.
Paare von heute sollten streitfähig sein und einen Konflikt mit einem konstruktiven Streit bereinigen. Tun Sie das? Ich zweifle daran. Entweder man weicht wie einst Konfrontationen aus. Oder man peinigt sich mit persönlichen Verletzungen. Oder man rettet sich in den Sex.

»Einen Streit im Bett auszutragen ist Männersache«

Diejenigen, die sich gegenseitig mit Worten fertig machen, würden lieber anderes aussprechen: Zum Beispiel die Angst davor, mit seinen Bedürfnissen nicht ernstgenommen zu werden ... Das Gefühl der Einsamkeit in einem Leben zu zweit ... Die Panik, daß einem die/der andere zu nahe kommt. Den meisten Streithanseln sind die wahren Motive ihrer Angriffslust gar nicht bewußt. Sie spüren nur, daß sie eigentlich immer »geladen« sind. Nach einem oberflächlichen Dampfablassen bleibt eine ungelöste Restspannung, durch die schon eine harmlose Meinungsverschiedenheit sofort wieder in einen wüsten Streit ausartet. »Ein Wort genügt, und es fliegen die Fetzen«, sagte Karin, die mit Kurt seit neun Jahren bis aufs Messer kämpft. Frauen und Männern in einer »Streitbeziehung« geht es auch körperlich nicht gut: Untersuchungen der Ohio State-University zeigen, daß das Immunsystem von Streitenden um so schwächer wird, je verletzender und sarkastischer sie miteinander umgehen.

Einen Streit im Bett auszutragen, ist eigentlich Männersache. Männer sind verbal nicht so stark wie Frauen und haben auch nicht so direkten Zugang zu ihren Gefühlen wie diese. Also versuchen sie, die Spannung auf ihre Art zu regeln – mit Sex. Da können sie ihr Begehren zeigen und ihre Liebe ausdrücken. Außerdem kühlt die Portion Aggression, die mit jeder Spannung verknüpft ist, Männer nicht ab, sondern törnt sie eher an. Frauen, deren erotisches Empfinden in Wechselwirkung zu einem harmonischen Klima steht, vergeht durch Streiten die Lust. Daher gibt es oft eine ganz simple Erklärung dafür, wenn ein Paar Probleme mit der sexuellen Frequenz hat: Zu viele unausgesprochene Konflikte und zu viel Hick-Hack. Dann kommt es dazu, daß »er« öfters und daß »sie« weniger will.

Es kann aber auch sein, daß sich beim Streiten eine Vitalität entlädt, die schnurstracks ins Bett führt. Besonders bei jungen Paaren funktioniert der Sex noch wie ein brennendes Streichholz, das an eine Lunte gehalten wird. Flutsch, und schon diktiert Gott Hormon, was gespielt wird. Natürlich ist es schön, wenn ein Streit im Bett beendet wird. Erstens, weil das Gefühl des Geliebt- und Begehrtwerdens körperlich spürbar wird. Zweitens, weil der Wechsel von der Distanz des Streites zur Nähe des Liebesaktes eine besonders erregende Qualität hat. Trotzdem sollten Schreie der Leidenschaft nicht darüber hinwegtäuschen, daß mit der Beziehung solange nicht alles paletti ist, solange das, was Sie aus dem Gleichgewicht brachte, nicht leidenschaftslos ausgesprochen wurde ...

TIP 59

So wird Dornröschen wachgeküßt

Alle Menschen haben ein tiefes Verlangen nach Zärtlichkeit und Intimität, wirken aber nach außen hin abweisend und kühl ...

Kürzlich gestand mir eine Frau, daß sie ihr Leben lang Schwierigkeiten mit der Zärtlichkeit habe. Sie sehne sich zwar nach Nähe und Berührung, aber wenn es soweit ist, wird sie abweisend und spröde.
Von dieser Problematik hörte ich nicht zum ersten Mal. In meiner Praxis begegnen mir immer wieder Frauen und Männer, die sowohl über Sehnsucht als auch über Unfähigkeit zur Zärtlichkeit klagen. Ich bin zwar kein Freund von Schlagworten, aber daß die »neuen Frauen« mit diesem Problem so auffallend oft zu tun haben, läßt mich schon von einem »Dornröschen-Syndrom« sprechen.
Hundert Jahre schlief Dornröschen hinter einer Dornenhecke. Dann kam der Prinz, kämpfte sich mit seinem Schwert durch das wuchernde Gestrüpp, strich Dornröschen zärtlich über das Haar und küßte es. In diesem Moment erwachte Dornröschen ...
Interpretieren wir doch einmal dieses Märchenbild: Dornröschen könnte eine moderne Frau sein, die um ihre Rechte und ihre Selbständigkeit hart gekämpft hat. Als Mädchen war Dornröschen offen und weich. Aber sie mußte auf schmerzliche Weise erfahren, daß dieses Schwachsein nichts brachte.

»Aus Angst vor Verletzung schützte sich Dornröschen mit einem Panzer«

Dornröschen wurde zurückgewiesen, lächerlich gemacht und in ihrem Streben nach Selbständigkeit bedroht. »Ich will nie wieder so sein wie ein schwaches Kind!« dachte Dornröschen. »Dann

werde ich auch nicht mehr diese negativen Erfahrungen machen.«
Also legte sich Dornröschen einen Schutzpanzer zu – die Dornenhecke. Die schützte sie zwar vor Verletzungen, verhinderte aber auch ihre Lebendigkeit. Da endlich taucht der Prinz auf. Es gelingt ihm, die Dornenhecke, Dornröschens Schutzpanzer, zu überwinden. Unter seinen streichelnden Händen und Küssen wird Dornröschen wieder zum hingabefähigen, lebendigen und liebesfähigen Kind ...

Früher waren es nur die Männer, denen unzärtliches Verhalten vorgeworfen wurde. Die Psychologie hat dafür eine griffige Erklärung parat: Kleine Buben machen die Erfahrung, daß sie Nähe und Abhängigkeit – nichts anderes ist Zärtlichkeit! – meiden müssen, um zu einer männlichen Identität zu finden. Ihr Zärtlichkeitsverhalten wird ihnen regelrecht abgewöhnt, indem sie immer wieder dazu ermahnt werden, »ein richtiger Mann zu sein«, keine Schwäche, also auch kein Zärtlichkeitsbedürfnis zu zeigen. Inzwischen werden auch Mädchen dazu angehalten, »Schwäche« zu überwinden und ihren »Mann zu stehen«. Vermutlich hatten schon ihre Mütter im Kampf um Unabhängigkeit Schwierigkeiten mit zärtlichen Ausdrucksformen. Vielleicht wurden sie – so wie auch die kleinen Buben – mit einer Ermahnung zurückgewiesen, wenn sie zur Mami schmusen kommen wollten. Vielleicht wehrte der Vater die Zärtlichkeit seiner kleinen Tochter ab, weil er durch ihre unbefangene Körperlichkeit und Weiblichkeit irritiert und verlegen wurde.

Egal, ob nun hinter der Dornenhecke eine Frau oder ein Mann schläft – eine zärtliche Annäherung gelingt mit Einfühlung, Verstehen, Anteilnahme und nicht-sexuellen Gesten. Nur damit knüpft man an jene vertrauensvollen Näheerfahrungen der Kindheit an, durch die sich ein Kind und später der Erwachsene geborgen, bedingungslos geliebt und lebensbejahend fühlt ...

TIP 60

Der Penis-Protest

Potenzstörungen haben meist seelische Gründe. Daher läßt sich ein protestierender Penis nicht mit Tricks ködern ...

Ein Mann ist im Vollbesitz seiner körperlichen Kräfte, aber wenn er diese zum Lustgewinn einsetzen will, oje, da klappt es nicht. Erst wird diese niederschmetternde Tatsache ignoriert. Schließlich hat sich das Glied schon öfter zusammengerissen und die ihm zugedachte Aufgabe doch noch zur vollsten Zufriedenheit erledigt. Also feuert man den gefallenen Helden an, bemüht die Phantasie, massiert, reibt und kost auf Teufel komm raus. Allen bewährten erotischen Belebungstechniken zum Trotz weiß das Häufchen Elend die Liebesmühe nicht zu schätzen.
Aber wozu gibt es die moderne Medizin? Ein Arzt wird dazu überredet, Hormontabletten zu verordnen. Was tut sich? Nichts. Ein Facharzt muß her: Vielleicht verhilft eine kleine Injektion dem guten Stock wieder zu Standvermögen? Erfolg: Null.
Jetzt steht dem verhinderten Liebhaber das Wasser bis zum Hals. In dieser mißlichen Lage erhoffen sich viele Männer von einer anderen Frau die Erlösung vom Fluch der Impotenz. Eine jüngere, blondere, sinnlichere Geliebte soll den Liebesknecht wieder diensttauglich machen. Meist endet das ausgetüftelte Unternehmen wieder enttäuschend. Der Penis verzichtet auf die Lust und dient nur noch zum Lulumachen.

»Ein Penis arbeitet nicht unter Zwang, nur aus spontanem Antrieb«

Kein Wunder – die Flaute ist nur in den seltensten Fällen auf ein technisches Versagen zurückzuführen. Daß nicht eine organische, sondern eine seelische Ursache den Penis niederdrückt, ist bewiesen, wenn er Haltung annimmt, obwohl er gar nicht muß: Am Morgen beim Aufwachen, aus dem Schlaf heraus oder bei der Selbstbefriedigung. Wäre er organisch lädiert, könnte er das alles nicht mehr.

Wahrscheinlich braucht der betreffende Mann ein Symptom – die Impotenz –, um etwas in seinem Leben zu ändern. Egal, ob es sich um eine ausbleibende Erektion oder um einen vorzeitigen Samenerguß handelt – die Funktionsstörung ist fast immer ein Veto der Seele auf Kosten des Penis. Der unwillige Liebesknecht drückt nämlich das aus, was sich sein Herr nicht eingestehen will. Vielleicht sagt er: »Du hast Angst.« Vielleicht bedeutet sein Protest: »Eigentlich bist du wütend.« Verstehen Sie nun, daß Hormontabletten und gefäßaktivierende Injektionen nicht die adäquate Antwort auf den Schmerzensschrei eines tristen Liebesorganes sind?

Wenn der impotente arme Kerl noch dazu ängstlich den Istzustand mit dem Sollzustand seines Penis vergleicht, darf er schon gar nicht mehr erwarten, daß er funktioniert. Auch Liebkosungen, die nur mit dem Hintergedanken ausgetauscht werden, schnell wieder auf Touren zu kommen, bringen keinen Erfolg. Ein Penis arbeitet nicht unter Zwang, nur aus spontanem Antrieb.

Ich rate einem Mann in Liebesnöten, sich ernsthaft zu bemühen, die stummen Signale seines Penis zu entschlüsseln. Ein widerspenstiges Glied ist weder mit Tricks herumzukriegen, noch mit Pillen oder technischen Methoden zu ködern. Es steht in den Diensten von Hirn und Seele und kämpft für deren Anliegen buchstäblich bis zum Umfallen. Mit einem protestierenden Penis kann man(n) nur Frieden schließen, indem er auf das hört, was er als Botschafter zu sagen hat ...

TIP 61

Das Geheimnis der Pornos

Pornofilme treffen mitten ins Schwarze unserer sexuellen Phantasien ...

»Ich bin nicht prüde«, sagen viele Frauen. »Aber die Pornos, die mein Mann nach Hause bringt, sind abstoßend.« Abscheu, Ekel, Widerwillen – das sind Empfindungen, die die meisten Frauen beim Ansehen von Pornos haben. Allerdings: Die Ehrlichen unter ihnen geben zu, daß sie doch die eine oder andere Szene erregt habe.

»So ist das Leben«, verteidigen die Männer die Pornos. »So ist Sexualität nicht«, sagen die Frauen. Tatsache ist: Pornos zeigen nicht die sexuelle Wirklichkeit. Wäre das so, würde sich kein Mensch dafür interessieren. Aber Pornos bilden sexuelle Phantasien ab. Die Frauen werden in allen nur erdenklichen Positionen der Unterwerfung von einem außer Rand und Band geratenen Penis, der eher an eine Waffe als an ein Liebesorgan erinnert, »niedergemacht«. Sie erweisen Gott Phallus in überschwenglicher Dankbarkeit Liebestaten und geraten dabei von einem Orgasmus zum nächsten. Unvorstellbar, daß sich eine Pornodarstellerin, von einem einzigen Höhepunkt gesättigt, von ihrem nimmermüden Hengst abwenden würde.

»Frauen verwandeln sich in ein wimmerndes, keuchendes Stück Fleisch«

Nach diesem gängigen Muster sind die meisten Pornos gestrickt. Sie verfehlen ihre Wirkung vor allem auf die Männer nicht, denn sie entsprechen den gängigen männlichen Phantasien: Einerseits nie versiegende Potenz. Andererseits Macht und Unterwerfung gegenüber einer sexuell ausgehungerten Frau, die sich in Anbetracht des magischen männlichen Sexualorgans in ein wimmerndes, keuchendes Stück Fleisch verwandelt. Die Hauptmelodie der Pornos ist nicht nur der Sadomasochismus, sondern auch der Fetischismus. Mit ihren hochhackigen Schuhen oder Lederaccessoires wirken die Darstellerinnen wie Fetisch-Mannequins.

Daß Pornos das männliche Konzept von Sexualität und männliche Phantasien offenbaren, ist evident. Aber was ist mit den Frauen? Haben Frauen keine Phantasien? Haben sie kein charakteristisches Konzept von Sexualität? Doch, das haben sie, und es ist ebenfalls in Pornos zu entdecken. Zum Beispiel dann, wenn ein Mann beim Anblick eines wippenden Busens und wackelnder Hüften ein einziger hirnloser Schwellkörper wird, der wie ferngesteuert hinter ihr her ist. In diesen Szenen konkretisieren sich die Phantasien der Frauen, die sich darum drehen, einen Mann erotisch abhängig zu machen, ihm den Verstand zu rauben. Die grellen Lustschreie der Pornodarstellerinnen, ihre verzückten Blicke, ihre ekstatischen Seufzer, ihre grenzüberschreitenden Lustempfindungen, denen gegenüber die Männer, die ja denselben Genuß empfinden müßten, seltsam blutleer und farblos wirken, enthüllen die Wunschphantasien, die Frauen von ihrer eigenen Begierde haben: Sie phantasieren, die Kontrolle aufgeben zu können, von ihren Empfindungen, ihren Sinnen, ihrem Verlangen und ihrer Hingabe überwältigt zu werden.

Was im Porno erregt, ist das, was in der sexuellen Wirklichkeit Angst macht: Die Männer haben Angst vor dem Verlust ihrer Potenz, vor der sexuellen Unersättlichkeit der Frau und davor, sie nicht unter Kontrolle zu haben. Frauen fürchten, einen Mann nicht in ihren Bann schlagen zu können, und sie fürchten den Kontrollverlust einer entfesselten Sexualität. So gesehen, spiegeln Pornos nicht schrankenlosen Genuß, sondern die Spannungen der Geschlechter und sexualisierte Methoden der Angstbewältigung ...

TIP 62

Burnout der Liebe

Das Burnout-Syndrom gibt es nicht nur bei der Arbeit. Auch durch bestimmte Liebes- und Partnerkonstellationen kann man »ausbrennen« ...

Fühlen Sie sich in der Arbeit ausgebrannt und verschlissen? Können Sie »nicht mehr weiter«? Dann sind Sie ein Opfer des sogenannten »Burnout-Syndroms«. Der Burnout-Experte Mathias Burisch stellte fest, daß bestimmte Arbeitskonstellationen das »Ausbrennen« begünstigen. Zum Beispiel ist der Angestellte bedroht, der weit überfordert ist, aber trotzdem nicht aufgibt. Oder die tüchtige Sekretärin, die sich für ihren Chef aufreibt und trotzdem nie das bekommt, was sie eigentlich will, nämlich Dankbarkeit. Burisch sah bei seinen langjährigen Untersuchungen auch, daß für alle »Ausgebrannten« die Aufgabe, an der sie scheiterten, eine heimliche Bedeutung hatte: Entweder wollten sie mit dem Vorhaben beweisen, nicht nur Durchschnitt zu sein, oder es sollte ihrem Leben sozusagen »höhere Weihen« verleihen.

**»Raus aus der Tretmühle.
Das gilt auch für Ausgebrannte der Liebe«**

Als ich diese Theorien las, ging mir ein Licht auf: Dieselben Ausgebrannten gibt es auch in Liebesbeziehungen. In meiner Praxis sehe ich, daß Menschen mit dem »Burnout der Liebe« dasselbe Schicksal haben wie jene, die an ihrem Arbeitsplatz ausbrennen. Ich denke zum Beispiel an die langjährige Geliebte eines verheirateten Mannes, der ihren Verzicht auf eine eigene Familie als selbstverständlich ansieht. Oder an den dreifachen Vater, der nie zu Ehe und Vaterschaft bestimmt gewesen war. Oder an das sensible Schmeichelkätzchen, das sich schon seit mehr als zehn Jahren bemüht, einem eiskalten Sexroboter Zärtlichkeiten zu entlocken.

Auch für die Ausgebrannten der Liebe ist es typisch, daß ihre ursprüngliche Partnerwahl eine heimliche Bedeutung hatte. Der/die PartnerIn, der/die eine »Schuhnummer zu groß ist«, sollte das Gefühl ermöglichen, ja doch nicht zum Mittelmaß zu gehören. Der Entschluß zu Ehe und Elternschaft sollte bestätigen, ein anständiger Mensch zu sein, der soziale Normen erfüllt. Liebes-Ausbrennern ergeht es wie Arbeits-Ausbrennern: Ihre Gefühle sind verschlissen, ihre Selbstachtung ist im Eimer, und sie leiden unter quälender innerer Unruhe oder Lustlosigkeit.

Was kann man in einer solchen Situation tun? »Raus aus der Tretmühle« heißt es beim klassischen Burnout-Syndrom. Dasselbe gilt auch für die Ausgebrannten der Liebe. Ohne Kurskorrektur wird man von der emotionalen Streßsituation aufgefressen. Wenn Sie den Eindruck haben, in der Liebe nicht mehr weiterzukönnen, sollten Sie sich um positive Zielformulierungen bemühen: Was könnten Sie erreichen, wenn Sie Ihre vorhandenen Kräfte anders einsetzen? Wo liegen Ihre persönlichen Stärken und Vorteile? Sind Arrangements möglich, in denen Sie Ihren bisherigen Lebensmittelpunkt verlagern? Oder ist ein mutiger Schritt in Neuland sinnvoll?

Ausbrenner der Arbeit müssen lernen, daß der Beruf nicht alles ist und man sich nicht nur über die Leistung definieren darf. Ausbrenner der Liebe müssen lernen, daß eine Beziehung und ein/e PartnerIn nicht den Kern der eigenen Identität ausmachen dürfen. Oft ist es besser, den Mut aufzubringen und sich, wie die Berufsaussteiger, von traditionellen Rollenbildern zu verabschieden und den scheelen Blicken einer – vermutlich – neidischen Umwelt standzuhalten ...

TIP 63

Die Kehrseite des Blümchensex

Auch wenn die Subkultur der extremen Erotik so boomt wie noch nie – neu ist diese Gefühlswelt nicht ...

Verena ist schockiert: Ihr Freund bat sie, ihn zu fesseln und zu schlagen. Hilde ringt nach Fassung: Als sie heimlich im Tagebuch ihres zweiten Mannes las, erfuhr sie, daß er in einer »strengen Kammer« war. Was ist los mit diesen Männern? Ist das Interesse an dieser bizarren Welt der Erotik ein Zeichen des Unterganges?
Auch wenn Sie es nicht glauben – wirklich neu ist nur das offene Bekenntnis dazu. Die kindlichen Indianer- und Marterpfahlspiele, die Gespenstergeschichten, Gruselmärchen und Heldensagen beweisen es: Angst und Aggression werden nicht nur passiv erlitten, sondern seit jeher auch selbst inszeniert.
Erinnern Sie sich nur daran, daß bis zum Mittelalter Verstöße gegen gesellschaftliche Regeln mit öffentlichen Hinrichtungen und Folterungen bestraft wurden. Diese gut besuchten Veranstaltungen von Qual und Schrecken sollten vor Augen führen, welche Folgen es hat, wenn man seine destruktiven Triebe nicht unterdrückt. Andererseits befriedigten diese Veranstaltungen aber auch die Lust an dunklen Empfindungen. Heute verlangt unsere Zivilisation, daß jeder einzelne seine negativen Regungen unter Kontrolle hat, ohne daß der Staat Druck durch öffentliche Angstinszenierungen macht. Die Gefühle von Wut und Angstlust, Schmerz und Ekel, Macht und Ohnmacht, Wille und Willenlosigkeit, Haß und Widerstand sind aber nach wie vor vorhanden. In der Sexualität, dem einzigen Lebensbereich, in dem die Kontrolle aufgegeben wird und Masken fallen, entfalten sich dann diese Emotionen besonders leicht. Bisher war es allerdings nicht möglich, sich zu diesen Gefühlen zu bekennen. Der Mensch der Gegenwart will seine Individualität

offen ausleben. Man »outet« sich und steht auch zu jenen Regungen, die außerhalb der akzeptierten Norm liegen.

»Es gibt viele Gründe, sich für Extremsex zu erwärmen«

Die SM-Szene mit ihren Fesselungen, Strafmasken, Sklavenspielen, Peitschungen, Käfigen und Pranger »verwaltet« diese verpönten Gefühle nach strengen Regeln. Für jedes noch so bizarre Ritual gibt es genaue Vorschriften, so daß niemand Angst haben muß, einen schwerwiegenden Schaden davonzutragen.
Natürlich ist Extremsex nicht jedermanns Sache. Das heißt aber nicht, daß es nicht genügend Gründe gibt, sich dafür zu erwärmen: Viele Menschen wollen Affekte dramatisch erfahren oder ihre Grenzen kennenlernen. Andere wieder wollen durch ungezügelte erotische Erlebnisse aus einer erstarrten inneren Welt erlöst werden. Oder man will aus einem allzu normierten Leben ausbrechen. Nicht wenige wollen etwas »Besonderes« sein und sich vom banalen »Blümchensex« der Mehrheit abgrenzen. Partnertausch-Spiele bieten die Möglichkeit, abgewehrte homosexuelle Anteile auszuleben. Einige benützen die Angebote der Szene, um mit symbolischen Inszenierungen – z. B. mit Hygienerritualen – frühe Konflikte, wie sie auch durch die Reinlichkeitserziehung entstehen, zu bewältigen.
Die Formen der Extremerotik werden immer vielfältiger und der Anspruch, Angst, Schmerzlust oder Aggression als Elemente der menschlichen Identität anzuerkennen, immer deutlicher. Aber Spielarten davon praktiziert ja auch der stinknormale Bürger: Zum Beispiel dann, wenn spielerisch miteinander gerauft, gebissen oder fester zugepackt wird. Und auch im frömmsten Liebesakt schlummert ab und zu ein sadistisches oder masochistisches Element ...

TIP 64

Fetischismus für Anfänger

Der Alltagsfetischismus, der sich in harmlosen Vorlieben äußert, hat nichts mit einer Störung zu tun ...

Ein 26jähriger Bankangestellter gestand, daß er nun schon seit vier Jahren sexuell abstinent sei. Seine erste Freundin hatte immer nur schluchzend mit ihm verkehrt. Eine andere bezeichnete ihn als »perverses Monstrum« und warf ihn aus ihrer Wohnung. Der Grund: Seine Partnerinnen mußten beim Sex kniehohe, rote Lederstiefel anziehen, damit er zum Orgasmus kommen konnte.
Was für den einen die Stiefel, sind für einen anderen Dessous, Gummiaccessoires oder Hüte. Jeder Gegenstand, jeder Körperteil, ja sogar eine Tätowierung, ein Werkzeug oder ein Geruch kann zum »Fetisch« werden, ohne den die schönste Sache der Welt nur halb so schön oder gar nicht möglich ist.
Natürlich fragt sich ein Mann, der zu seiner Lust einen Teddy braucht: »Warum bin ich so?« Weil es während seiner sexuellen Entwicklung zu einer Fixierung auf diesen Teddy kam. Vielleicht so: Als kleiner Knirps war er nachts einmal alleine und hatte Angst. Mit dem trostspendenden Teddy in seinen Armen entstand zufällig sexuelle Erregung. Von nun an war seine Lust an ein Objekt gebunden – er braucht den Teddy, um den Gipfel der Lust zu erreichen.

»Einem Fetisch werden unbewußt schützende Fähigkeiten zugeschrieben«

Von einer Perversion ist solange nicht die Rede, solange der Betreffende seine fetischistische Neigung im Rahmen einer Beziehung ausleben kann. Erst wenn ihm der Fetisch alleine genügt oder die Frau, die die heißgeliebten Stiefel trägt, seine Erregung stören oder gar verhindern würde, handelt es sich um eine echte »Deviation«, also eine sexuelle Abweichung. Im weitesten Sinn ist aber auch derjenige ein Fetischist, der ein Bild, eine Haarlocke oder ein Kleidungsstück seines/seiner Liebsten mit sich herumschleppt. So gesehen war auch Goethe ein Fetischist. Er schrieb an Christiane Vulpius: »Schicke mir bei der nächsten Gelegenheit Deine Tanzschuhe, die kräftig eingetanzt sind ...«

In der Völkerkunde ist der Fetisch ein Gegenstand mit magischen Eigenschaften: Naturvölker verehrten Fetische und schützten sich mit ihnen zum Beispiel vor Krankheiten. Auch in der Sexualität werden dem Fetisch unbewußt magische und schützende Fähigkeiten zugeschrieben: Für einen echten Fetischisten, der zu seiner sexuellen Erregung nur ein Damenhoserl braucht, ist das Höschen einerseits Ersatz für die Frau, andererseits schützt er sich damit vor der realen Begegnung mit dem Weiblichen, das ihm Angst macht.

Fetischistische Neigungen sind deshalb so weit verbreitet, weil wir in der frühen Kindheit, also in der Zeit, in der sich die Sinne entfalten, nicht fähig sind, ein Gesamtbild von einem Menschen zu formen. Die Mutter ist für ein Baby vorerst eine Folge getrennter Eindrücke: Da ist ihre Brust, die Nahrung und Geborgenheit gibt. Da ist ihre Hand, die streichelt, das Haar, das so wohlig kitzelt. In diesen Eindrücken steckt der Urkern des Fetischismus, der sich als Busen-, Hände- oder Haarfetischismus entfalten kann.

Solange die Beziehung nicht zu kurz kommt und eine fetischistische Vorliebe nur Beiwerk, aber nicht Mittelpunkt und Ziel der Sexualität ist, sollte kein großes Drama daraus gemacht werden. Eine Prise Fetischismus steckt überall drin. Auch in der vermeintlich stinknormalen Vorliebe für Ihre/n PartnerIn ...

TIP 65

Fit für den Sex

Wenn Sie bei der körperlichen Liebe »zu wenig spüren«, ist es Zeit für ein »Genital-building« ...

Sie haben sich zwar fest vorgenommen, für Ihren Körper etwas zu tun, aber Ihre Schultern beugen sich unter dem schlechten Gewissen: Für tägliches Turnen haben Sie einfach keine Zeit. Aber warum trainieren Sie nicht Ihren Liebesmuskel? Dazu müssen Sie sich von Ihrer kostbaren Zeit nichts abknappen und der Erfolg ist Ihnen sicher.
Der Liebesmuskel verläuft sowohl bei Frauen als auch bei Männern vom Schambein bis zum hinteren Steißbein und hat den klingenden Namen »Musculus pubococcygeus« (abgekürzt PC). Diesen Zungenbrecher sollten Sie – im wahrsten Sinne des Wortes – in den Griff bekommen. Gründe dafür gibt es genug.

»Ein trainierter Liebesmuskel sorgt für die innere Zärtlichkeit«

Bei den Frauen wird durch An- und Entspannen des PC-Muskels die gesamte Scheidenanlage gestrafft, besser durchblutet und das Feuchtwerden verbessert. Außerdem kann sich eine lebendige, anpassungsfähige Pforte auch von einem zierlichen Penis die für den Orgasmus notwendigen Reibungsimpulse »holen«. Auch nach Geburten oder bei einer anlagebedingt weiten Scheide kann ein trainierter PC-Muskel für jene »innere Zärtlichkeit« sorgen, die schon in alten, fernöstlichen Liebestechniken als das A(h) und O(h) der Lust beschrieben wird. Noch ein Plus: Das Training der Beckenbodenmuskulatur beugt unfreiwilligem Harnverlust vor.
Auch Männer profitieren von einem trainierten Liebesmuskel. Konsequentes Training vorausgesetzt, kann ein Mann durch

An- und Entspannen dieses Muskels die Ejakulation hinauszögern. Darüber hinaus stellten die Sexologen William Hartman und Marylin Fithian fest, daß Männer mit einem gestärkten PC-Muskel häufiger zu Mehrfachorgasmen fähig sind als untrainierte Männer.

Um herauszufinden, wann der PC-Muskel in Aktion ist, setzen oder stellen Sie sich mit gespreizten Beinen hin und tun so, als würden Sie den Urinstrahl unterbrechen. Der Muskel, der dabei aktiv wird, ist der PC-Muskel. Wenn Sie das einige Male getan haben, sind Sie mit seiner grundsätzlichen Funktion vertraut. Als Frau können Sie Ihr Gefühl für den Liebesmuskel schärfen, indem Sie zwei Finger in die Scheide einführen. Umschließen Sie die Finger etwa drei Sekunden lang. Lassen Sie sie drei Sekunden los, und umschließen Sie die Finger wieder. Das war's auch schon! Diese Übung sollten Sie anfangs fünfzehnmal und im Laufe von sechs Wochen bis zu fünfzigmal täglich machen. Ihre Finger werden Sie dann nicht mehr brauchen. Sie werden den Muskel anspannen und loslassen können, ohne daß Sie damit auf einen Widerstand stoßen müssen. In der höchsten Könnerstufe geht das Anspannen und Loslassen so schnell, daß eine vibrierende Bewegung entsteht.

Mit einiger Routine können Sie überall und jederzeit trainieren: im Auto, wenn die Ampel auf Rot ist, beim Telefonieren oder beim Zeitunglesen. Auch wenn das alles ein bißchen verrückt klingt, handelt es sich doch um ein ernstzunehmendes Muskeltraining, das schon bald einen – im wahrsten Sinne des Wortes – spürbaren Erfolg hat ...

TIP 66

Soll das alles sein?

Oft ist gar kein besonderes Ereignis notwendig, um eine Krise auszulösen. Man zieht Bilanz und fragt ...

Früher kam es etwa um die 50 zur sogenannten »Midlife-crisis«. Heute findet die »Krise in der Mitte des Lebens« oft schon mit 35 statt. Mit 35! Wie das? Eine Untersuchung der University of Kansas zeigte, daß es in den Jahren um 35 zu den meisten einschneidenden Einsichten und Veränderungen kommt. Diese sozialen Umbruchssituationen gehen Hand in Hand mit einer persönlichen Krise. Man begreift, daß es vielleicht nicht mehr möglich ist, sich weiterhin Hoffnung auf eine große Karriere zu machen. Gleichzeitig kann man nicht mehr ignorieren, daß die Tätigkeit, zu der man sich entschloß, nicht so sinngebend ist, wie ursprünglich gedacht. Einerseits gehören diese Jugendträume zum alten Eisen, andererseits erkennt man, daß noch 25 oder 30 Jahre »durchgehalten« werden muß. Wen beutelt das nicht?
Auch Illusionen hinsichtlich der Rolle als Mann oder Frau schwinden in den Jahren nach 30. Wer entwickelt sich schon zu der idealen Frau oder zu dem Supermann, die/der man immer sein wollte? Die Erkenntnis, daß die Ursache einer unbefriedigenden Erotik leider nicht in erlernbaren sexuellen Techniken, sondern im Verhältnis zu sich selbst und in der Beziehung zueinander liegt, ist auch keine Kleinigkeit.

»Zwischen 30 und 40 gibt es die meisten Scheidungen«

Mit etwa 35 fällt auch die endgültige Entscheidung darüber, ob man ein Leben mit mehreren, einem oder gar keinem Kind führen will. Im Freundeskreis kommt es durch die Veränderung der jeweiligen Lebenskonzepte zu Verschiebungen. Man verliert ver-

traute Menschen aus dem Gesichtskreis und muß sich neue Bindungen aufbauen. Eine ernste Erkrankung oder der Tod eines Elternteiles macht zum ersten Mal bewußt, daß man selbst auch nicht ewig lebt.
Bei den Männern steigen ab 30 Potenzstörungen sprunghaft an. Noch schlimmer: Die Frauen, die altersmäßig zu dieser Männergruppe passen, gehören zu den emanzipiertesten aller Frauengenerationen. Sie drücken ihre Wünsche oft sehr direkt aus und bringen das Selbstwertgefühl und damit die Potenz des Partners noch mehr aus dem Gleichgewicht. Wundert es Sie da noch, daß in der Altersgruppe zwischen 30 und 40 der höchste Anstieg in der Scheidungsrate ist?
Ich will Ihnen keine Sonntagspredigt halten, aber einen Rat kann ich mir nicht verkneifen: Denken Sie daran, daß Krisen nicht nur Unbehagen und Unzufriedenheit, sondern auch Angst erzeugen. Angst vor möglichen Veränderungen oder Angst davor, womöglich keine Veränderungen mehr zu erleben. Aber Angst ist ein schlechter Lebensratgeber! Sie verstärkt die negativen Eigenschaften, die vielleicht sogar zu der Krise führten, und verleitet zu falschen oder voreiligen Lösungen.
Also? Also: Verändern Sie nicht »blind vor Angst« Ihr Leben. Vor ungelösten Problemen kann man nicht davonrennen, sie holen Sie bald wieder ein. Sinnvoller ist es, sich versteckten Ängsten zu stellen. Erst dann sollten Sie Entscheidungen treffen. Verändern Sie Veränderbares, und gehen Sie dort, wo Änderungen nicht zielführend wären, den Königsweg der angemessenen Resignation. Sich dreinfinden heißt nicht unterliegen, sondern drüberstehen ...